Jürgen Hesse
Hans Christian Schrader

Die 100 wichtigsten Tipps für die erfolgreiche

Gehaltsverhandlung

Vorbereitung – Gesprächsführung – Praxistipps und Tricks

berufsstrategie exakt

Eichborn

Die Autoren
Jürgen Hesse, geboren 1951, geschäftsführender Diplom-Psychologe im Büro für Berufsstrategie, Berlin.
Hans Christian Schrader, Jahrgang 1952, Diplom-Psychologe in Berlin.

Anschrift der Autoren
Büro für Berufsstrategie
Hesse/Schrader
Oranienburger Straße 4-5
10178 Berlin
Tel. 030/28 88 57-0
Fax 030/28 88 57-36
www.berufsstrategie.de

www.berufsstrategie-exakt.de
- kostenlose Downloads
- Erfahrungsberichte von Gehaltsverhandlungen
- aktuelle Gehaltstrends

2. Auflage 2009

Umschlaggestaltung: Christina Hucke
Layout: Tania Poppe, Susanne Reeh
Satz: Fotosatz Reinhard Amann, Aichstetten
Druck und Bindung: Fuldaer Verlagsanstalt, Fulda
ISBN: 978-3-8218-5947-7

Verlagsverzeichnis schickt gern:
Eichborn Verlag, Kaiserstraße 66, D-60329 Frankfurt am Main
www.eichborn.de

Inhalt

Einleitung

Geld allein macht nicht glücklich, aber es beruhigt die Nerven. Deshalb möchten verständlicherweise auch Sie ein wenig mehr davon zu Ihrer Verfügung haben. Kurzum: Sie wünschen sich eine Gehaltserhöhung, wissen aber nicht, wie Sie Ihren Vorgesetzten davon überzeugen können? Vermutlich fällt es Ihnen – wie übrigens den meisten Menschen – schwer, ein solches Gespräch mit Ihrem Chef zu führen.
Das Gehaltsgespräch wird deshalb meistens auf die lange Bank geschoben. Über Geld – insbesondere das eigene Einkommen – zu reden, ist bei uns noch immer ein Tabuthema.

Wir wollen Ihnen helfen, optimal vorbereitet in die Verhandlung zu gehen, mit den 100 wichtigsten Tipps rund um das Gehaltsgespräch. Sie liefern Ihnen alle wichtigen Informationen, egal ob es sich um eine Gehaltsverhandlung als Bewerber oder um das Gespräch über eine Gehaltserhöhung als Mitarbeiter handelt.

Die Themen

- Der richtige Zeitpunkt (Tipp 12)
- Ihr optimaler Umgang mit Ihrem Verhandlungspartner (Tipp 15 und 16)
- Erfolgversprechende Strategien (Tipp 17–26)
- Der Umgang mit Widerständen und Kritik (Tipp 31–45)
- Weitere Verhandlungspunkte (Tipp 53 und 54)
- Weitere Aspekte rund um das Thema Geld, Glück und Gerechtigkeit (Tipp 72–89)
- Einkommensverhältnisse der Deutschen – von der Inhaberin eines Tante-Emma-Ladens bis zum Vorstandsvorsitzenden eines Großkonzerns (Anhang)

In den ersten sieben Tipps finden Sie schnelle Antworten auf die wichtigsten und am häufigsten gestellen Fragen. Wenn Sie sich als Mitarbeiter umfassend auf eine Gehaltsverhandlung vorbereiten wollen, sollten Sie Tipp 8 bis 26 lesen; wie Sie ein gelungenes Gehaltsgespräch gestalten, erfahren Sie insbesondere in Tipp 27 bis 54.
Als Bewerber bereiten Sie sich schwerpunktmäßig mit den Tipps 55 bis 71 vor.
Mit den Hintergründen unserer persönlichen Einstellung zum Geld und dem Themenkreis Geld und Gerechtigkeit beschäftigen sich die Tipps 72 bis 89.
Zur Nachbereitung Ihres Gehaltsgesprächs lesen Sie bitte die Tipps 91 bis 100.

Übrigens: Wenn wir im Folgenden überwiegend die männliche Form (Mitarbeiter, Kollege, Vorgesetzter oder Ähnliches) verwenden, soll das keine Diskriminierung der Leserinnen darstellen, sondern geschieht allein deshalb, um den Sprachfluss nicht zu stören.

Fragen zum Einstieg

1 Der eigene Verdienst – Tabuthema Nummer eins

Für mehr als 60 Prozent aller bundesdeutschen Angestellten gilt: Hauptsache, die Bezahlung beim Job stimmt. Dies tut sie aber nicht, denn jeder Vierte müsste eigentlich mehr verdienen, als er tatsächlich am Monatsende in der Lohntüte hat. Das zumindest meint Michael Waadt, Experte des Münchner Geva-Instituts.[1] Es ist daher nicht verwunderlich, dass jeder zweite Arbeitnehmer mit seiner Bezahlung unzufrieden ist. Aber warum geben sich Angestellte und Arbeiter mit weniger zufrieden, als ihnen eigentlich zusteht?

Dafür gibt es unterschiedliche Gründe. Viele Menschen glauben, dass ihnen Feilschen nicht liegt, und es ist ihnen peinlich, sich selbst zu loben. Schließlich haben sie schon als Kinder gelernt, dass Eigenlob stinkt. Und so mancher hat Angst davor, den Unwillen des Chefs auf sich zu ziehen, und befürchtet, womöglich bald auch einer von Millionen Arbeitslosen zu sein. In staatlichen und privaten Unternehmen wird man nicht müde zu betonen, dass nur der eiserne Wille zum Sparen weitere Entlassungen verhindern könne. Eine Gehaltserhöhung sei einfach nicht möglich. Für die Arbeitgeber dagegen ist es längst ausgemachte Sache, dass Löhne und Gehälter zu hoch sind – mit Ausnahme ihrer eigenen. Im internationalen Vergleich werde für die bei uns gezahlten überhöhten Entgelte zu wenig geleistet und so der Wohlstand der Republik langsam, aber sicher verspielt. Andererseits vergessen gerade Top-Führungskräfte natürlich nicht zu betonen, dass ihre Gehälter wiederum im internationalen Vergleich wirklich nur »Peanuts« sind. Zudem wissen die meisten Lohn- und Gehaltsempfänger einfach nicht, dass so mancher Kollege mit gleichen oder ähnlichen Aufgaben einiges mehr verdient. Denn über Geld redet man nicht. Der eigene Verdienst ist bei uns Tabuthema Nummer eins.

Die Zurückhaltung beim Thema Finanzen ist durchaus nachvollziehbar. Wer über sein Einkommen redet, macht sich damit nicht unbedingt Freunde. Hat man zu wenig Geld, könnte man als Versager oder Verlierer dastehen. Wer dagegen mehr als andere verdient, dem wird nicht selten der Reichtum geneidet. Er muss fürchten, Freunde zu verlieren, und sich vor neuen Feinden hüten. Die Konsequenz für viele lautet deshalb: am besten den Mund halten.

Von diesem Schweigen profitieren die Unternehmer. Wer nicht weiß, dass andere in vergleichbaren Positionen mehr verdienen, fordert seltener eine Erhöhung seines Gehalts.

Warum sind aber auch so viele Top-Angestellte mit deutlich besserem Verdienst unzufrieden? Wie erklärt sich dieser Unmut bei Spitzenverdienern? Wie rechtfertigen diese ihre Klagen über eine zu niedrige, ungerechte Bezahlung? Spricht man mit Vertretern dieser Gehaltsklassen, beklagen sie sich über das hohe Maß an Stress, Verantwortung und Druck, dem sie ausgesetzt seien. Auf der anderen Seite biete sich in der spärlichen Freizeit kaum Gelegenheit, den Verdienst zu genießen. Hinzu kommen steuerliche Abzüge, die ohnehin jedem Spitzenverdiener die Motivation nehmen würden, wenn es nicht um etwas ganz anderes ginge als die materielle Bezahlung.

Außerdem müsse man auch repräsentieren, was ebenfalls nicht billig sei. Am Ende jedenfalls bleibe wirklich kaum etwas übrig, so dass man sich ernsthafte Gedanken machen müsse, wie der Lebensabend finanziell abzusichern sei. Unzufriedenheit, wohin das Auge schaut …

2 Machen Sie sich klar, dass Sie kein Bittsteller sind

Für viele Menschen ist das Thema Geld von Kindheit an mit Unsicherheit und Schamgefühlen besetzt. Es ist direkt mit ihrem Selbstwertgefühl verbunden, und darüber spricht man nicht gerne und verhandelt man nicht offen. Hinzu kommen häufig die Verunsicherung, ob der Gehaltswunsch angemessen ist, weder zu hoch, noch zu niedrig, und die Scheu, sich über diesen Bereich adäquat zu informieren. Auch für die meisten Angestellten ist eine Auseinandersetzung über die Honorierung ihrer Arbeitsleistung im Gespräch mit dem Vorgesetzten eine unangenehme Situation. Doch Sie müssen sich nicht als Bittsteller für etwas fühlen, das Ihnen eigentlich selbstverständlich zusteht.

Darauf kommt es in der Gehaltsverhandlung an

1. Auf Ihren Mut. Legen Sie Ihre Scheu ab, über Geld zu sprechen, und besonders über die Bezahlung der von Ihnen geleisteten Arbeit.
2. Bereiten Sie sich gut vor. Sie müssen Ihre »Verkaufsargumente« kennen und überzeugend vortragen können.
3. Sie sollten möglichst wissen, was Ihre persönliche Leistung dem Unternehmen einbringt beziehungsweise einbringen wird und was andere im selben, aber auch bei vergleichbaren anderen Unternehmen für die Arbeitsleistung in der Regel bezahlt bekommen.
4. Erpresserische Drohungen sind nicht angebracht, Jammern und der Vergleich mit anderen helfen ebenso wenig.
5. Wer mit nachweisbaren Leistungen argumentieren kann (»Ich habe für unser Unternehmen Folgendes erreicht …« beziehungsweise »Bei meinem jetzigen Arbeitgeber habe ich dies und das erreicht …«), ist immer im Vorteil.
6. Sie müssen wissen, was Sie wollen, und das auch vermitteln.
7. Ein großer Gehaltssprung in einem bestehenden Arbeitsverhältnis ist relativ unwahrscheinlich. Aber ungefähr 5 Prozent, in ganz besonderen Fällen auch bis zu 10 Prozent sind erreichbar. Beim Arbeitsplatzwechsel dagegen können Sie zum Teil große Gehaltssprünge machen (von etwa 10 Prozent bis hin zu 25 Prozent, in Ausnahmefällen sogar noch mehr).

Entscheidend sind also

- das richtige Bewusstsein
- der ideale Verhandlungspartner
- die angemessene Form
- der passende Zeitpunkt

4 So finden Sie den richtigen Zeitpunkt, um das Thema Gehalt anzusprechen

Als Mitarbeiter

1. Sie müssen sich über den Wert Ihrer Leistungen im Klaren sein, sonst wird die Differenz zwischen dem, was Sie für das Unternehmen erbringen, und dem, was es Ihnen zahlt, immer größer.
2. Die wirtschaftliche Lage des Unternehmens, aber auch die mentale Situation Ihres Verhandlungspartners sollte möglichst günstig sein.
3. Der richtige Zeitpunkt ist gekommen, nachdem Sie Ihre »Werbe- und Verkaufsbotschaften« in eigener Sache angemessen platzieren konnten und auf der anderen Seite wenigstens ansatzweise Wertschätzung für Ihre Leistungen spürbar wurde.

Als Bewerber

1. Achten Sie darauf, diesen Punkt nicht zu schnell und vor allem nicht zu früh zu verhandeln. Der Fisch muss quasi erst an der Angel hängen, bevor Sie ihn an Land ziehen können. Eventuell ist dafür sogar erst das zweite Gespräch der richtige Zeitpunkt.
2. Nachdem Sie Ihre »Werbe- und Verkaufsbotschaften« in eigener Sache angemessen platziert und genug Interesse an Ihrer »Dienstleistung« geweckt haben, ist der geeignete Moment gekommen, dieses schwierige Thema anzugehen. Überlassen Sie den ersten Schritt ruhig Ihrem Gesprächspartner.

Unterscheiden Sie zwischen realistischen und unrealistischen Gehaltssprüngen

Für Mitarbeiter

Die Gehaltssprünge sind hier deutlich geringer als bei einem Arbeitgeberwechsel. In der Regel handelt es sich um etwa 3 Prozent bis 10 Prozent, in seltenen Fällen etwas mehr. Das ist natürlich jeweils abhängig von Ihrer Leistung. Orientieren Sie sich an den Abschlüssen, die andere Organisationen (z.B. Gewerkschaften) erzielen.
Denken Sie immer auch an andere, nicht geldwerte Vergünstigungen und verhandeln Sie diese immer noch zusätzlich. Besprechen Sie möglichst auch gleich den Zeitraum, für den diese neue Vereinbarung gelten soll (Laufzeit).

Für Bewerber

Bei einem Arbeitsplatzwechsel sind Steigerungen zwischen 10 und 20 Prozent möglich. (Ausnahmen bestätigen die Regel.) Deutlich niedriger liegen Sie jedoch, wenn Sie sich innerhalb des eigenen Hauses bewerben.
Wird die Frage nach Ihrer Gehaltsvorstellung gestellt, wenn alle anderen Themen bereits ausführlich besprochen wurden, so wäre eine geschickte Antwort darauf: »Wie hoch ist die Position dotiert?« So geben Sie im Idealfall diese Frage zurück. Sollten Sie damit nicht durchkommen, dürfen Sie ab einem Jahreseinkommen von 30 000 Euro immer auch einen Einkommenswunsch in Form einer Spanne (von/bis) äußern (z.B. 45 000 bis 50 000 Euro).
Unterhalb von 30 000 Euro (das sind weniger als 2500 Euro im Monat) können Sie problemlos Ihr Monatssalär benennen. (»Meine Vorstellung bewegt sich zwischen 1750 und 2000 Euro.«) Die Minimum-Maximum-Spanne sollte etwa zwischen 5 und 15 Prozent des Gesamtwerts liegen.
Auf keinen Fall jedoch sollten Sie die Gehaltsfrage gleich zu Beginn des Vorstellungsgesprächs stellen.

6 Wie Sie auf die Frage »Wie hoch ist Ihr aktuelles Einkommen?« reagieren

Wird Ihnen in einem Vorstellungsgespräch diese Frage gestellt, ist ein wenig Vorsicht geboten. Denn juristisch gesehen ist die Frage nach dem aktuellen Einkommen nicht zulässig, dient sie doch primär dem Interesse des Arbeitgebers, die Gehaltsansprüche des Bewerbers zu drücken. Wenn Sie Ihren Job wechseln wollen und die neue Stelle genauso hoch dotiert ist wie Ihre jetzige, könnte die Nennung Ihres momentanen Gehalts dazu führen, dass Sie als möglicher Kandidat nicht mehr in Frage kommen. Der Arbeitgeber denkt vielleicht, Sie seien dann nicht richtig motiviert. Dieselbe Frage mag er sich stellen, wenn Sie sogar bereit wären, Einbußen bei Ihrem Gehalt in Kauf zu nehmen. Auch wenn Ihr neuer Chef bereit gewesen wäre, deutlich mehr zu zahlen, als Sie im Augenblick verdienen, wird er sich noch einmal genau überlegen, ob ein derartiger Gehaltssprung wirklich gerechtfertigt ist.

Ihre Chancen stehen am besten, wenn Sie Ihr jetziges Einkommen als Gehaltsspanne angeben (z.B. 42 000 bis 44 000 Euro oder: um die 45 000 Euro) und den Wunsch äußern, sich verbessern zu wollen.
Am allerbesten wäre es, wenn Sie auf diese Frage zunächst mit einer Gegenfrage reagieren: Wie hoch denn der Etat für die zu besetzende Position sei? Zweitbeste Möglichkeit: Sie sagen: Ich hatte eine Vorstellung von etwa 48 000 bis 52 000 Euro. Oder: Meine Vorstellung bewegt sich so um die 50 000 Euro.

So reagieren Sie auf die Frage »Warum soll ich Ihr Gehalt erhöhen?«

7

In einem Gespräch mit Ihrem Vorgesetzten über eine Gehaltserhöhung müssen Sie damit rechnen, dass auch die Frage nach dem »Warum überhaupt« gestellt werden wird, oftmals verbunden mit »Und was werden dann Ihre Kollegen für Forderungen stellen?«

Lassen Sie sich nicht einschüchtern. Selbstverständlich sichern Sie absolute Diskretion zu. Was Sie hier verhandeln, betrifft nur Ihre eigene Leistung und deren Honorierung durch das Unternehmen.
Sie haben Ihrer Firma die besten Dienste erwiesen und werden auch in Zukunft überdurchschnittliche Arbeit erbringen. Diese Leistung sollte angemessen honoriert werden, weshalb Sie um dieses Gespräch gebeten haben.
Um sich besser orientieren zu können, finden Sie im Anhang eine Gehaltsübersicht der wichtigsten Branchen.

Vorbereitung

8 Nutzen Sie die Gunst der Stunde – mit der richtigen Vorbereitung

Sie kennen die Situation: Sie ackern für die Firma, schonen sich nicht, machen Überstunden, schaffen profitablen Umsatz und müssen sich trotzdem mit einem relativ niedrigen Gehalt zufriedengeben. Warum eigentlich?
Kein Wunder, dass sich bei vielen Arbeitnehmern irgendwann Enttäuschung breitmacht. Die meisten trauen sich jedoch nicht, das Gehaltsthema von sich aus anzusprechen. Dabei hat eine Studie des Geva-Instituts festgestellt, dass in Deutschland jeder Vierte unterbezahlt wird. Mehr Gehalt zu fordern, fällt vielen Arbeitnehmern schwer, das Feilschen liegt ihnen nicht, und außerdem ist es ihnen peinlich, sich selbst zu loben. Andere haben Angst vor dem Unwillen des Chefs, denn immer wieder wird betont, nur eisernes Sparen könne helfen, weitere Entlassungen zu verhindern. Die meisten Mitarbeiter wissen zudem gar nicht, dass so mancher Kollege mit ähnlichen Aufgaben einiges mehr verdient. Das gilt nicht nur für Kollegen aus der gleichen Branche, sondern oft auch innerhalb desselben Unternehmens.
Über Gehälter redet man nicht. In Deutschland gehört dies immer noch zu den Tabuthemen. Das ist zwar verständlich, denn wer über sein Einkommen redet, macht sich nicht unbedingt Freunde. Von diesem Schweigen profitieren jedoch vor allem die Chefs. Wer nicht weiß, dass andere in vergleichbaren Positionen mehr verdienen, fordert seltener eine Gehaltserhöhung.

Wer mit dem Gedanken spielt, seinen Lohn erfolgreich neu zu verhandeln, muss vor allem seinen eigenen Wert für das Unternehmen kennen. Keiner sollte unvorbereitet in eine Gehaltsverhandlung gehen. Sie müssen genau wissen, was Sie leisten, was Sie wert sind, was Sie wollen, aber auch, was möglich ist. Nutzen Sie die Gunst der Stunde und entwickeln Sie ein Gefühl für den richtigen Augenblick. Auf gar keinen Fall sollten Sie Ihren Vorgesetzten mit Ihrem Gehaltswunsch unvorbereitet überfallen. Verabreden Sie einen Gesprächstermin und führen Sie die Verhandlung selbstbewusst. Legen Sie sich eine klare Strategie zurecht.

Das sollten Sie beachten, wenn Sie sich sorgfältig vorbereiten wollen

9

Wenn Sie mit dem Gedanken spielen, Ihr Gehalt zu verhandeln, ist es zunächst wichtig, den eigenen Marktwert zu kennen. Mit einer eingehenden Recherche wird Ihnen das gelingen (s. Tipp 11). Der Erfolg einer Gehaltsverhandlung hängt in erster Linie von einer guten Taktik und Strategie (s. Tipp 20 ff.), aber auch von Ihrer Bereitschaft zur Flexibilität ab. Denken Sie auch über andere Arten von Prämien nach, die sich oft mehr lohnen als reine Verdienstaufstockungen. Die Palette reicht vom Dienstwagen bis hin zu bezahlten Nachhilfestunden für die Kinder (s. Tipp 52).

Bevor Sie sich in eine Gehaltsverhandlung begeben, sollten Sie sich unbedingt ausreichend Zeit für eine gründliche Vorbereitung nehmen. Die folgenden Fragen sollen Ihnen helfen, die wichtigsten Punkte im Vorfeld zu berücksichtigen.

Fragen zur Vorbereitung

- Was verdiene ich zurzeit? (siehe Tipp 10)
- Was will ich verdienen bzw. wie hoch ist mein Marktwert? (siehe Tipp 11)
- Wann ist ein guter Zeitpunkt für die Verhandlung? (siehe Tipp 12)
- Mit wem verhandle ich? (siehe Tipps 15 und 16)
- Was habe ich zu bieten? (siehe Tipps 17 und 18)

10 So klären Sie Ihre Ausgangssituation

Haben Sie sich schon mal genauer über Ihr Gehalt beziehungsweise Ihren Lohn Gedanken gemacht? Was verdienen Sie zurzeit? Wie setzt sich Ihr Verdienst zusammen? Was wird vom Bruttosalär abgezogen? Wie viel bräuchten Sie, um gut über die Runden zu kommen? Je intensiver Sie sich damit beschäftigen, desto besser. Sie gewinnen dadurch Selbstsicherheit, haben konkrete Zahlen vor Augen und können Ihr Ziel besser anpeilen.

Das Ganze mag zeitaufwendig sein, aber die Mühe lohnt sich. Wir möchten Sie bitten, die folgenden 14 Fragen schriftlich zu beantworten. Sie haben den größten Nutzeffekt, wenn Sie nicht erst einmal alle Punkte kurz anlesen, sondern Frage für Frage hintereinander schriftlich beantworten.

Am besten, Sie holen sich gleich Papier und Stift und einen Extrabogen zum Abdecken der restlichen Fragen. Auf diese Weise wird Ihr Lern- und Bewusstseinsgewinn um ein Vielfaches größer und effektiver sein und Sie profitieren bei Ihren bevorstehenden Verhandlungen umso mehr davon.

Fragen zur Klärung Ihrer Ausgangssituation

1. Welches Jahresbruttoeinkommen wünschen Sie sich?
2. Womit oder wodurch rechtfertigen Sie diese Summe?
3. Welches Jahresbruttoeinkommen beziehen Sie derzeit?
4. Wie hoch ist die Differenz zwischen Ihrem jetzigen und dem von Ihnen erwünschten Jahresbruttoeinkommen?
5. Wie erklärt sich aus Ihrer Sicht diese Differenz?
6. Wie erklärt es sich aus der Sicht Ihres jetzigen Arbeitgebers?
7. Womit oder wodurch ist aus Ihrer Sicht die Steigerung Ihres Einkommens gerechtfertigt?
8. Wie viel Geld geben Sie monatlich aus, das heißt, wie hoch sind im Durchschnitt Ihre monatlichen Lebenshaltungskosten?

9. Wie viel Geld bräuchten Sie monatlich zur freien Verfügung (also netto auf Ihrem Privatkonto), um einigermaßen über die Runden zu kommen? Großanschaffungen oder Sparbeträge sollten in dieser Summe nicht enthalten sein, aber sonst alles, was Sie und Ihre Familie für einen Monat zum Leben bei mittlerem Standard benötigen.
10. Wie viel haben Sie derzeit monatlich für Ihren Lebensunterhalt zur Verfügung?
11. Wie hoch ist die Differenz zwischen real verfügbarer und eigentlich benötigter Monatsnettosumme?
12. Korreliert die Nettodifferenz mit dem von Ihnen gewünschten Jahresbruttoeinkommen – nach entsprechender Umrechnung auf Monatsnettobasis?
13. Was, glauben Sie, muss Ihr Arbeitgeber an Gesamtkosten im Jahr allein für Ihre Beschäftigung aufwenden?
14. Was, schätzen Sie, bringen Sie mit Ihrer Arbeitskraft dem Unternehmen an jährlicher Einnahme?

Erläuterungen zu den Fragen finden Sie in Tipp 26. Sie sollten diese jedoch erst lesen, wenn Sie die aufgeführten Punkte sorgfältig beantwortet haben. Die Mühe wird sich für Sie lohnen. Das Ergebnis, eine Art neues Bewusstsein in Sachen Gehalt und Umgang mit Geld, ist von nicht zu unterschätzendem Wert für Ihr Vorankommen in dieser wichtigen Angelegenheit.
Die Erfahrung bei unseren regelmäßig in Berlin veranstalteten »Geld- und Gehaltsseminaren« zeigt immer wieder, dass fast alle Teilnehmer bei der Beantwortung dieser zunächst einfach scheinenden Fragen früher oder später steckenbleiben und sich hoffnungslos zu »verheddern« beginnen. Widersprüche und Ungereimtheiten treten auf, und manch einer der Teilnehmer bereute schon fast den Besuch dieses Seminars – so unerträglich schienen die aufkommenden negativen Gefühle. Solche Gefühle können Sie bei einer so ernsten Angelegenheit wie dem Thema Verdienst natürlich nicht gebrauchen – ganz im Gegenteil. Umso wichtiger ist es, derartige negative Affekte bei einer (Neu-)Verhandlung von vornherein auszuschließen.

Lassen Sie sich also nicht beirren. Suchen Sie jetzt die Ursachen dafür, warum die Beantwortung dieser Fragen bei Ihnen Verunsicherung auslöst. Bei der Gehaltsverhandlung selbst kommt es dann vor allem auf Ihre Unbeirrtheit und Überzeugungskraft an.
Wahrscheinlich bereitet vielen bereits die Frage »Was verdiene ich eigentlich?« einiges Kopfzerbrechen. Nicht nur das Gehalt oder der Lohn ist einzubeziehen, sondern die Gesamtvergütung ist entscheidend. Sie setzt sich aus dem Grundgehalt und weiteren, zusätzlichen Aufwendungen zusammen. Erst aus dem Gesamtwert aller Leistungen ergibt sich das wirkliche Einkommen. Daraus folgt: Verhandeln Sie niemals über das künftige Monats-, sondern immer nur über das Jahresgehalt, damit auch ein mögliches 13. oder 14. Monatsgehalt in die Berechnungen einbezogen wird. Denken Sie also auch an die sogenannten Fringe Benefits, jene Vergütungen, die Sie über den Lohn hinausgehend erhalten. Viele Firmen bezahlen Urlaubs- und Weihnachtsgeld, vermögenswirksame Leistungen, sie beteiligen sich an der Lebensversicherung, manche leisten auch Sonderzahlungen bei runden Betriebsjubiläen, geben einen Zuschuss zur Berufskleidung oder übernehmen Fahrtkosten.

So ermitteln Sie Ihren Marktwert

Die Grundvoraussetzung für den Erfolg ist das Ziel. Dieses sollten Sie möglichst realistisch ansetzen, denn zu hoch gesetzte Ziele frustrieren, weil man sie äußerst selten erreicht.

Gehen Sie nicht mit übertriebenen Forderungen in das Gespräch. Wer zu hoch pokert, wird leicht in seine Schranken verwiesen, und das mit dem Hinweis, ob man nicht wisse, was üblicherweise Arbeitnehmern in einer entsprechenden Position bezahlt werde.

Das A und O ist auch hier wieder die richtige Vorbereitung. Sie müssen sich im Vorfeld informieren, um möglichen Einwänden Ihres Gegenübers begegnen zu können. Sorgen Sie dafür, dass Sie mindestens genauso gut informiert sind wie Ihr Gesprächspartner. Wer weiß, was in anderen Firmen für die gleiche Position bezahlt wird, welche Spannbreite möglich ist, kurz, wer seine Marktposition richtig einschätzt, kann mit größerer Selbstsicherheit in ein solches Gespräch gehen und überzeugender argumentieren. Dazu ist es nötig, eingehend zu recherchieren: Überprüfen Sie, wie realistisch Ihre Forderungen sind.

Beim Einkommen sind drei Gruppen zu unterscheiden:

a) Diejenigen, die Lohn erhalten, das heißt Arbeiter und gewerbliche Mitarbeiter.
b) Angestellte bekommen ein Gehalt, das in verschiedene Stufen unterteilt ist.
c) Wer unabhängig von Tarifvereinbarungen bezahlt wird, bezieht ein außertarifliches Gehalt. Zu dieser Gruppe gehören überwiegend Führungskräfte.

Recherchetipps

- Gewerkschaften können Auskunft über die gezahlten Löhne und Gehälter geben.
- Die Presse (v.a. Wirtschaftsmagazine wie *manager magazin*, *Capital*, *Wirtschaftswoche* etc.) veröffentlicht immer wieder Gehaltsübersichten.

- Das Büro für Berufsstrategie gibt telefonische Auskünfte. Klären Sie aber vorher die Kostenfrage (Berlin Tel. 030/2 88 85 70 oder Frankfurt Tel. 069/74 30 48 70, Stuttgart Tel. 07 11/6 15 49 41, Hamburg Tel. 040/32 90 12 53, München Tel. 089/90 40 57 80).
- Die Kienbaum Vergütungsberatung in Gummersbach (Tel. 0 22 61/70 36 02) kann Gehaltsdaten für leitende Angestellte benennen (ab etwa 100 000 Euro pro Jahr aufwärts).
- Das Statistische Bundesamt in Wiesbaden nennt Durchschnittslöhne/-gehälter aller Branchen (Tel. 06 11/75 10). Auch im Statistischen Jahrbuch für die Bundesrepublik Deutschland finden Sie einen Überblick über die generelle Gehalts- und Lohnstruktur. Dieses Nachschlagewerk liegt in den meisten Bibliotheken zur Einsicht aus.
- Recherchieren Sie auch im Internet. Unter der Adresse *http://www.gehalt.de* oder entsprechenden Stichwörtern wie Karriere, Aufstieg, Beruf, Job, Gehalt finden Sie Hinweise auf Bezahlungen in bestimmten Branchen. Nützlich ist außerdem das Internetportal des Büro für Berufsstrategie, *www.berufsstrategie.de.*
- Nehmen Sie auch Kontakt zum Betriebsrat auf. Mit seiner Hilfe können Sie herausfinden, wo Sie im Gehaltsgefüge des Unternehmens angesiedelt sind.

Bedenken Sie auch, dass darüber hinaus noch andere wichtige Faktoren Ihren Marktwert innerhalb des Unternehmens bestimmen: Ihre Fähigkeiten und Kenntnisse sowie Ihre Erfahrungen und Erfolge, die Sie für das Unternehmen bereits verbucht haben oder verbuchen werden (s. Tipps 17 und 18). Selbstverständlich sollten Sie auch Ihre Persönlichkeitsstruktur in die Aufstellung mit einbeziehen. Aspekte wie Selbstvertrauen, Initiative, Zielstrebigkeit, Verantwortungsbewusstsein, Gewissenhaftigkeit oder Teamfähigkeit sind hier wesentlich. Gehen Sie in sich und denken Sie über Ihr Persönlichkeitsprofil nach. Bitten Sie Partner, Freunde, Verwandte oder auch Arbeitskollegen, die Sie ja täglich bei der Arbeit erleben, um deren Einschätzung.

So finden Sie einen guten Zeitpunkt für die Verhandlung

12

Sie sollten nicht irgendeinen beliebigen Tag für Ihr Gespräch vorschlagen, sondern den richtigen Zeitpunkt mit Bedacht auswählen. Wenn das Timing nicht stimmt, können die besten Argumente verpuffen.
Grundsätzlich lässt sich festhalten: Die besten Chancen für ein Gespräch sind dann gegeben, wenn sich die Bedingungen, unter denen Ihr Gehalt oder Ihr Lohn einmal festgesetzt wurde, geändert haben. Dazu sollten Sie sich folgende Fragen stellen:

› Habe ich neue zusätzliche Aufgaben bekommen?
› Übernehme ich jetzt mehr Verantwortung als früher?
› Steht eine unmittelbare Ausweitung meines Aufgabenfelds bevor?
› Ist es mir oder meiner Abteilung gelungen, ein schwieriges Projekt erfolgreich abzuschließen?

Bei der Wahl des richtigen Zeitpunkts kann man gar nicht sorgfältig genug vorgehen. Psychologen sagen, dass Dienstag, Mittwoch und Donnerstag am besten für Verhandlungen geeignet sind. Denn am Montag ist die Stimmung tendenziell bei vielen sehr schlecht (»Schade, das Wochenende ist schon wieder vorbei. Und vor mir liegt eine lange, harte Arbeitswoche«); Freitags sind wiederum viele mit ihren Gedanken schon im Wochenende und haben keine Lust auf solche möglicherweise langwierigen, schwierigen Gespräche.
Bedenken Sie auch »Unternehmensrhythmen«. Stehen mittwochs immer bestimmte Sitzungen an, die sich lange hinziehen können? Dann ist es ungünstig, das Gespräch für diesen Tag anzusetzen.
Überlegen Sie, welche Tageszeit am günstigsten ist. Untersuchungen haben gezeigt, dass am späten Vormittag und Nachmittag Leistungshochs liegen. Allerdings hängt das auch von persönlichen Eigenheiten ab. Was ist Ihr Chef oder Vorgesetzter für ein Typ? Fängt er früh an zu arbeiten, oder lautet sein Motto eher: Je später der Abend, desto effektiver die Arbeit?
Auch die Situation des Unternehmens sollten Sie bei Ihren Überlegun-

gen nicht ausklammern. Wie sieht die Geschäftslage der Firma aus? Herrscht gerade eine Flaute, gehen die Aufträge zurück? Oder ist ganz besonders viel zu tun und jeder steht unter Stress? Dann sollten Sie günstigere Phasen abwarten. Genauso ungeeignet für Ihr Vorhaben sind übrigens Urlaubs- und Weihnachtszeit.
Gut stehen Ihre Chancen hingegen beispielsweise, wenn sich die Ertragslage des Unternehmens bessert: Die Firma expandiert, ein Großkunde wurde gewonnen, das Unternehmen hat einen entscheidenden Geschäftsabschluss getätigt oder geht an die Börse.
Packen Sie Ihre Chance beim Schopfe, wenn Ihr direkter Vorgesetzter das Unternehmen verlässt, um zu einem Konkurrenten zu wechseln. In dieser Situation legt Ihre Firma – vorausgesetzt, Sie haben gute Arbeit geleistet – mit Sicherheit Wert darauf, nicht noch einen Mitarbeiter zu verlieren, der sich in einem bestimmten Bereich gut auskennt. Neues Personal einzuarbeiten ist für ein Unternehmen unter Umständen ein kostspieliges Unterfangen.

Wie Sie den richtigen Ort für Ihre Gehaltsverhandlung wählen

13

Bei einem Gehaltsgespräch handelt es sich um einen auf die Arbeit bezogenen Interessenausgleich. Deshalb sollte eine derartige Verhandlung auch am Arbeitsplatz und nicht nach Feierabend geführt werden, womöglich im Fahrstuhl auf dem Nachhauseweg, wo Sie den Chef zufällig treffen oder gar abpassen. Auch Vorgesetzte haben Anspruch auf ihre Freizeit. Bitten Sie keinesfalls um ein Gespräch nach Dienstschluss. Auch beim Betriebsfest, wenn Sie gerade mit Ihrem Chef zusammen ein Bier trinken, schneiden Sie dieses Thema besser nicht an. Das lässt die Stimmung ganz schnell in den Keller sinken, und Sie haben keine guten Karten.

14 Warten Sie nicht zu lange mit der Frage nach einer Gehaltserhöhung

Prinzipiell ist es besser, nicht zu lange mit einem Gehaltsgespräch zu warten. Allerdings sollte man auch nicht alle paar Monate um einen Termin bitten. Ungefähr ein Jahr sollte zwischen zwei Gesprächen liegen. Und bitten Sie lieber öfter um eine kleine Erhöhung (die tut dem Chef oder dem Unternehmen nicht so »weh«) als einmal um eine richtig dicke Steigerung. Hier bieten die Lohn- und Gehaltsverhandlungen der Gewerkschaften ein gutes Vorbild. Wer drei, vier Jahre wartet, dann zu seinem Chef geht und 20 bis 30 Prozent Steigerung auf einmal verlangt, hat denkbar schlechte Chancen, seine Forderungen auch nur ansatzweise befriedigend durchzusetzen. Handeln Sie besser alle 12 bis 18 Monate 2 bis 5 Prozent mehr aus, als zu lange zu warten und dann mit einer Maximalforderung auftreten zu müssen.

Stellen Sie sich vorab auf Ihren Gesprächspartner ein

15

Gehaltsgespräche führt man in der Regel mit dem direkten Vorgesetzten. Dieser könnte sich möglicherweise übergangen fühlen, wenn Sie sich direkt an den Chef wenden. Ihr beiderseitiges Verhältnis kann dadurch entscheidend gestört werden. Zudem kann Ihr direkter Vorgesetzter Ihre Leistungen am besten beurteilen.
Um die Chancen für ein erfolgreiches Gespräch zu erhöhen, sollten Sie sich in Ihren Gesprächspartner gedanklich hineinversetzen. Wann ist er am besten ansprechbar? Wie gehe ich auf ihn zu?
Weil Sie ihn tagtäglich erleben, können Sie sehr wahrscheinlich gut einschätzen, ob er als Verhandlungspartner eine »harte Nuss« ist. Vielleicht gehört er zu dem Typ Mensch, der sich selbst bis zum Letzten für die Firma aufopfert und sich von ganz unten durch harte Arbeit und übermäßigen Einsatz emporgearbeitet hat. Er wird sicher davon überzeugt sein, dass man äußerst rigoros um mehr Geld kämpfen muss.
Oder er ist eher der kumpelhafte Typ, der, wenn es darauf ankommt, für seine Mitarbeiter immer da ist und der Sie und Ihr Engagement zu schätzen weiß. In diesem Fall ist es für Sie einfacher. Bei einem harten, aber gerechten Vorgesetzten kommen Sie am besten durch sachliche, logisch aufeinanderfolgende Argumente weiter. Schwer wird es bei einem Chef, der wenig Kontakt zu seinen Mitarbeitern pflegt und nicht im Bilde ist, wer welche Aufgaben wie sorgfältig ausführt. Hier ist es besonders wichtig, ihm Ihre Leistungen genau darzulegen. Sie können nicht davon ausgehen, dass er weiß, an welchen positiven Ergebnissen Sie beteiligt sind oder wofür Sie verantwortlich waren.
Ihr Taktiergeschick ist natürlich auch gefragt. Wenn Sie wissen, worüber Ihr Chef am liebsten spricht, können Sie beiläufig auf dieses Thema kommen. Dies wird durch ein rumänisches Sprichwort besonders anschaulich beschrieben: »Am schnellsten kommt man auf dem Steckenpferd des Vorgesetzten voran.«
Natürlich spielen auch psychologische Aspekte eine Rolle. Sympathien und Antipathien dürfen nicht unterschätzt werden. Schließlich wirken diese Faktoren, ob wir wollen oder nicht, ganz entscheidend auf das

zwischenmenschliche Miteinander ein. Allerdings wird ein verantwortungsvoller Vorgesetzter dafür sorgen, dass diese Aspekte nicht Oberhand gewinnen. Schließlich geht es um das Wohl der Firma und darum, gute, leistungsfähige Mitarbeiter zu haben und auch zu halten.
Zu bedenken ist darüber hinaus die Machtposition Ihres Chefs, der möglicherweise mit Ihrer Forderung wiederum zu seinem Vorgesetzten gehen muss. Wie sind Ihre bisherigen Erfahrungen: Kommt er mit Wünschen und Vorschlägen bei der Geschäftsleitung durch, oder stößt er dabei meist auf taube Ohren?

Versuchen Sie, Gehaltsgespräche direkt mit dem Entscheider zu führen

16

Unter Umständen ist Ihr direkter Vorgesetzter kein Entscheidungsträger. Er kann also möglicherweise gar nicht bestimmen, ob Sie mehr Gehalt oder Lohn bekommen. Da er Ihre Wünsche an höherer Stelle vortragen muss, bestehen berechtigte Zweifel, ob Ihre Botschaft dort auch originalgetreu ankommt. Wie bei dem bekannten Kinderspiel »Stille Post« kann auf dem Weg nach oben viel verlorengehen, missverstanden oder herausgefiltert werden. Ein beliebtes Argument auf Vorgesetztenseite ist auch der Hinweis: »Ich werde mich stark machen für Sie, aber Sie wissen ja selbst ...«

Versuchen Sie also, Gehaltsverhandlungen mit dem Entscheider persönlich zu führen. Natürlich dürfen Sie dabei Ihren Vorgesetzten nicht leichtfertig übergehen und auf diese Weise gegen sich aufbringen. Der Dienstweg ist in Deutschland immer noch eine Art Heiligtum.

Zur Erinnerung: Nicht nur Ihr direktes Gegenüber ist in der Verhandlung bedeutend, sondern Sie sollten auch im Vorfeld die Gesamtsituation des Unternehmens im Auge haben, um die eigenen Chancen realistisch einzuschätzen (siehe dazu auch die Anmerkungen zum richtigen Zeitpunkt, Tipp 12).

17 So ermitteln Sie, was Sie zu bieten haben

Beim Nachdenken darüber, wie hoch Sie mit Ihren Forderungen gehen könnten, wann und mit wem Sie reden, dürfen Sie Ihre Argumentation nicht aus den Augen verlieren. Die entscheidende Frage lautet: »Was habe ich zu bieten?« Das mag banal klingen, doch es ist erstaunlich, wie unvorbereitet viele Bewerber die Frage nach ihrer konkreten Leistung, nach ihren Fähigkeiten und den sich daraus ableitenden Erfolgen treffen.

Wenn Sie aber ein möglichst gutes Ergebnis erzielen wollen, müssen Sie auch immer mit der mehr oder weniger verblümten Frage rechnen: »Was bieten Sie uns?« oder: »Warum sollten wir gerade Ihnen ein so hohes Gehalt zahlen?«
Es ist für Sie daher unerlässlich, vor der Gehaltsverhandlung eine persönliche Bestandsaufnahme zu machen. Denken Sie vor dem Gespräch über Ihre Qualifikationen nach. Ideal ist, wenn Sie schon möglichst lange vor diesem Gespräch Ihre beruflichen Erfolge und besonderen Leistungen gesammelt haben (inklusive der Überstunden, die Sie leisten), sonst geht der eine oder andere Punkt verloren. Je mehr und je konkreter Sie notieren, was Sie für sich ins Feld führen können, desto besser. Dann haben Sie die besten Argumente schon zur Hand. Und wer bereits Erfolge erzielt hat, wird dies wahrscheinlich auch weiterhin tun. Wenn Sie nicht regelmäßig darüber Buch geführt haben, gilt für Sie die Devise: In Ruhe darüber nachdenken, was Sie in den letzten Monaten, vielleicht auch Jahren (je nachdem, ob und wann das letzte Gehaltsverhandlungsgespräch stattfand) geleistet haben (siehe auch Tipp 18).

Machen Sie sich Ihre beruflichen Erfolge deutlich

18

In unserer Karriereberatung bekommen wir von den Arbeitnehmern oft zu hören, sie hätten noch keine beruflichen Erfolge vorzuweisen. Nach längerem Nachdenken und mit kleiner Erinnerungshilfe jedoch zeigt sich, dass jeder in seiner beruflichen Laufbahn positive Ergebnisse für sich verbuchen kann. Folgende Auflistung, die keinen Anspruch darauf erhebt, vollständig zu sein, soll Ihnen zeigen, was Sie als beruflichen Erfolg anführen können.

Zu erwähnen wäre, dass Sie …

- … die Idee für ein neues Produkt entwickelt haben,
- … zur Umsatzsteigerung beigetragen haben,
- … den Kundendienst verbessert haben,
- … Mitarbeiter geschult haben,
- … neue Mitarbeiter erfolgreich eingearbeitet haben,
- … in einem Projekt mitgearbeitet oder es geleitet haben,
- … Einsparungsvorschläge gemacht haben, die erfolgreich umgesetzt wurden,
- … neue Stammkunden angeworben haben,
- … die Ideen für erfolgreiche Umstrukturierungen geliefert haben,
- … sich in einer Ausnahmesituation bewährt haben,
- … besondere Führungsqualitäten unter Beweis gestellt haben, als man Sie herausforderte,
- … eine Auszeichnung oder besonderes Lob erhielten.

Vielleicht denken Sie jetzt: Warum soll ich meine Erfolge und besonderen Leistungen so hervorheben? Mein Vorgesetzter kennt sie doch. Sind Sie da wirklich sicher? Immerhin gibt es – zumindest in Großbetrieben – so viele Mitarbeiter, dass man als Vorgesetzter schon mal den Überblick verliert. Zum anderen sollten Sie seine Erinnerungsfähigkeit nicht überschätzen. Außerdem gilt immer noch: Klappern gehört zum Handwerk. Mit anderen Worten: Es reicht oft leider nicht, »nur« gut zu sein, man muss auch dafür sorgen, dass der Vorgesetzte es merkt.

19 So verhalten Sie sich im Gehaltsgespräch

Für das Gespräch ist es mit entscheidend, sich der eigenen Körpersprache bewusst zu sein, bestimmte Regeln der Rhetorik zu berücksichtigen und sich auf die häufigsten Bedenken und Einwände der Chefs einzustellen. Folgende Aspekte sind wesentlich für den Erfolg Ihrer Verhandlung:

1. Den richtigen Gesprächseinstieg finden

Nennen Sie zu Beginn niemals einen konkreten Betrag. Das treibt den Vorgesetzten womöglich in die Enge, und Ihr Verhandlungsspielraum wird unnötig eingeschränkt. Vielmehr sollten Sie zuerst die Gründe für die gewünschte Lohnerhöhung darlegen: erfolgreich abgeschlossene Projekte, gestiegene Verantwortung oder andere berufliche Erfolge. Mit der Frage nach den Perspektiven gelangt man dann schnell zu dem Punkt, an dem die Gehaltsfrage offen angesprochen werden kann. Sie können sich auch zunächst nach der Zufriedenheit mit Ihrer Leistung erkundigen und so auf Ihre Erfolge zu sprechen kommen.

2. Überzeugend argumentieren

Nach dem Einstieg ins Gespräch besteht die Kunst darin, Ihr Potenzial noch einmal sehr klar zu präsentieren, damit Ihrem Gegenüber ganz deutlich wird, was er an Ihnen hat. Sehr gut ist es, wenn Sie mit Zahlen argumentieren können. (»Ich habe den Umsatz um 5 Prozent gesteigert.«) Ebenfalls geeignet sind zukünftige Projekte, bei denen Sie sich engagieren wollen. Bringen Sie nicht alle Punkte auf einmal, sonst geht Ihnen beim nächsten Einwand oder in der nächsten Gesprächsrunde womöglich die »Munition« aus. Heben Sie sich Ihr stärkstes Argument als Joker für den Schluss auf. Und denken Sie daran: Verbissenheit bringt gar nichts, bleiben Sie freundlich.

3. Die eigene Körpersprache kennen und einsetzen

Sie sollten mit Ihrer Körpersprache Selbstsicherheit signalisieren. Ihre Argumente wirken weniger überzeugend, wenn Ihre Körpersprache

(Blicke, Gestik, Mimik, Körperhaltung, Sprechweise, Geruch sowie Kleidung) einen anderen Eindruck erweckt. Vorgesetzte achten sehr genau darauf, wie Sie sich präsentieren: lascher oder fester Händedruck, verstohlenes »Nach-unten-Schauen« oder ein offener, freundlicher Blick, hängende Schultern oder gerade Haltung? Ein selbstbewusstes, offenes, freundliches Auftreten ist sehr wichtig und hilfreich.

4. Den Umgang mit Einwänden und Kritik lernen

Im Gehaltsgespräch geht es nicht nur um die Stärken des Arbeitnehmers, sondern auch um seine Schwächen. Rechnen Sie also mit kritischen Äußerungen und Widerständen vonseiten des Chefs.
Überlegen Sie sich auch Alternativen zum Baren: Falls Ihr Vorgesetzter partout nicht mehr Geld zahlen will, können Sie auf andere Vergütungen ausweichen. Denkbar sind neben dem Dienstwagen und Handy auch Fahrgeldzuschuss, Weiterbildung, Sonderurlaubsregelungen, Kindergarten- oder Mietbeihilfen. Diese Zusatzleistungen können genauso lohnend oder noch lukrativer sein als die reine Gehaltserhöhung, weil sie häufig steuerfrei sind. Erfahrungsgemäß ist hier die Hemmschwelle der Chefs geringer, dem Mitarbeiter entgegenzukommen.
Falls es mit der Aufbesserung trotz allem nicht klappt, atmen Sie erst mal tief durch. Sagen Sie ruhig, dass Sie enttäuscht sind, weil Ihre Leistungen nicht entsprechend honoriert werden. Fragen Sie Ihren Vorgesetzten, was Sie seiner Meinung nach noch tun können, um in den Genuss einer Gehaltszulage zu kommen.
Sollte Ihr Arbeitgeber Sie mit dem Hinweis »diesmal nicht« hinauskomplimentieren, dürfen Sie das durchaus als Ermunterung verstehen. Vor Ihrem nächsten Versuch kann es nicht schaden, außergewöhnliches Engagement an den Tag zu legen. Besonders günstig ist es, sich neue Tätigkeitskreise zu erschließen und mehr Verantwortung zu übernehmen.
Seien Sie nicht sauer über den Misserfolg, und machen Sie nicht den Fehler, fortan nur noch Dienst nach Vorschrift zu machen. Damit schaden Sie nur sich selbst. Machen Sie sich lieber den Vorsatz »lebenslanges Lernen« zu eigen, entwickeln Sie sich weiter: Lesen Sie Fachliteratur, gehen Sie zu Vorträgen, suchen Sie nach neuen Aufgaben. Geben Sie

sich nicht zufrieden mit dem, was Sie erreicht haben, sondern arbeiten Sie weiter an sich selbst. Dann ist es Ihr gutes Recht, mehr Geld zu fordern.
Dabei sollte man den Wert des Gehalts nicht überschätzen. Der schnöde Mammon darf nicht zur Ersatzreligion werden, denn eigentlich weiß es ja jeder: »Geld allein macht nicht glücklich.« Und es war auch nie ein Kindheitswunsch! Darüber nachzudenken lohnt sich!
Im Einzelnen können Sie die hier angeführten Punkte vertiefen, in den folgenden Tipps finden Sie die nötigen Hinweise.

So planen Sie Ihre Strategie

Ein Punkt, den Sie bei der Vorbereitung und der strategischen Ausrichtung Ihrer Gehaltsverhandlung nicht aus den Augen verlieren dürfen, lautet: Sie verfolgen ein Ziel. Sie wollen einer für Sie wichtigen Person eine Botschaft erfolgreich nahebringen. Von dieser Sache hängt viel für Sie ab. Es wird möglicherweise eine Entscheidung getroffen werden, die Sie beeinflussen könnten und die nach Ihren Wünschen ausfallen soll. Wie gehen Sie dabei am besten vor?
Aus der Werbung, die ständig damit beschäftigt ist, uns Konsumenten ein neues Produkt schmackhaft zu machen und zum Kauf neuer Artikel zu animieren, kennen wir eine besondere Vorgehensweise. Diese kann, leicht modifiziert, gut dabei behilflich sein, Ihre Gehaltsverhandlung positiv zu unterstützen. Es geht um konzeptionelles Planen und Vorgehen. Drei aufeinander abgestimmte Schritte sind zu beachten:

1. Was wollen Sie Ihrem Vorgesetzten mitteilen? Was ist Ihr Ziel? Dies ist der wichtigste und leider auch schwierigste Baustein, der die längste Bearbeitungszeit in Anspruch nehmen wird.
2. Wie formulieren Sie aus den sorgfältigen Überlegungen zu Ihrem Kommunikationsziel verständliche, schnell begreifbare und überzeugende Botschaften? Hier kommt es besonders auf Ihre Fähigkeit an, etwas auf den Punkt zu bringen.
3. Wie untermauern Sie diese ausgewählten und präzise formulierten Botschaften, um deren Glaubwürdigkeit und Überzeugungskraft ebenso zu stärken wie deren Erinnerungsgehalt? Der von Ihnen zu leistende Dreierschritt lautet also:

› – Kommunikationsziel definieren, siehe Tipp 21, 22, 24
› – Botschaften formulieren, siehe Tipp 23
› – Argumente zusammenstellen, siehe Tipp 25

21 Entwickeln Sie ein überzeugendes Kommunikationsziel

Setzen Sie sich zunächst einmal mit der Frage auseinander, was Sie Ihrem Arbeitgeber vermitteln wollen. Den meisten Kandidaten unserer Trainingsseminare fällt als Antwort dazu spontan ein: Ist doch klar, ich will mehr Geld!

Dieses Kommunikationsziel allein stellt aber noch keinen zwingenden Grund dar, sich für Ihren Wunsch einzusetzen. Damit er erfüllt wird, benötigen Sie also stichhaltigere Argumente.

Selbst bei eingehender Beschäftigung mit dieser Frage fallen vielen Kandidaten nur sehr schwache Argumente ein: Sie seien nun mal an der Reihe mit einer Gehaltserhöhung, würden Fabelhaftes leisten, alles sei in der letzten Zeit irgendwie teurer geworden, und andere Kollegen bekämen ungerechterweise viel mehr Geld.

Versetzen Sie sich nun in die Lage des Arbeitgebers. Was würden Sie entgegnen? Wie würde Ihre Entscheidung ausfallen? An dieser Stelle wird den meisten Kandidaten, die wir beraten, schnell klar, dass ihre Argumentation nicht stichhaltig ist und dass vor allem ihr vorformuliertes Kommunikationsziel »Ich kann, ich will, geben Sie mir bitte ...« alleine noch nicht ausreicht.

Wie kann man es also besser machen? Zunächst geht es darum, das Kommunikationsziel sorgfältig(er) zu entwickeln. Überlegen Sie,

- › was für ein Mitarbeiter Sie eigentlich sind,
- › welche besonderen Fähigkeiten Sie haben und
- › was Sie damit oder dadurch bereits für das Unternehmen erreicht haben.

Wenn man diese Überlegungen auf das Essenzielle reduziert, bedeutet das: Es geht um **Kompetenz, Leistungsmotivation** und **Persönlichkeit**. Setzen Sie sich mit Ihren individuellen Fähigkeiten und den daraus abgeleiteten, nachvollziehbaren Arbeitsergebnissen auseinander, bis Sie zu wirklich substanziellen Aussagen kommen. Danach fällt es Ihnen leichter, für die von Ihnen angestrebte Gehaltsverbesserung ein überzeugendes Kommunikationsziel zu entwickeln.

So könnte ein persönliches Kommunikationsziel aussehen

22

Bevor es um die wichtige Frage der Übermittlung Ihrer Botschaft geht – frei nach dem Motto: »Wie sag ich's meinem Chef?« –, muss ein anderes, nicht weniger wichtiges Problem bedacht werden: Ist das, was ich vermitteln will, wirklich geeignet, eine positive Entscheidung zu erwirken? An dieser Stelle werden von den meisten Arbeitnehmern, die eine Gehaltserhöhung anstreben, entscheidende Fehler gemacht. Ihr definiertes und niedergeschriebenes Kommunikationsziel könnte nach reiflicher Überlegung etwa folgendermaßen aussehen:

Beispiel

Mein Kommunikationsziel ist es, meinem Chef zu vermitteln, dass ich ein Mitarbeiter mit außergewöhnlichen kommunikativen Fähigkeiten bin. Darunter ist zu verstehen: Ich bin sehr geschickt in der Kontaktaufnahme, kann mich gewandt ausdrücken und habe keine Hemmungen, mit anderen Menschen ins Gespräch zu kommen. Ich wirke auf andere Personen vertrauenerweckend und ermutigend und bin ein aufmerksamer, geduldiger Zuhörer. Ich kann Wichtiges von weniger Wichtigem schnell unterscheiden und Sachverhalte gut auf den Punkt bringen. Trotz meiner Freude an Unterhaltungen und gezielten Gesprächen bin ich sehr diskret und kann ein Geheimnis absolut sicher wahren. Unsere Kunden vertrauen mir, und ich konnte schon so manches Mal Fehler, die in unserer Firma gemacht wurden, durch meine Vorgehensweise beim Kunden wieder ausbügeln. Hierzu gibt es folgendes Beispiel ... Deswegen bin ich für unsere Firma ein wichtiger und wertvoller Mitarbeiter, der mit dazu beiträgt, den Gewinn zu vermehren und wichtige Kunden an das Unternehmen zu binden. Diese nachweislich Erfolg bringenden Fähigkeiten möchte ich auch zukünftig einsetzen und möglichst noch ausbauen und steigern. Eine Erhöhung meines Gehalts würde mir dabei helfen/wäre dabei ein Ansporn ...

Bei diesem Beispiel für ein Kommunikationsziel entwerfen Sie von sich ein Bild, das allein schon ausreichen müsste, Ihren Wunsch nach mehr Geld sofort zu erfüllen. Wichtig ist dabei, dass Sie auf der inhaltlichen Ebene etwas Wirkungsvolles vorzutragen haben, was die andere Seite, den Empfänger (Chef), erreicht. Das entwickelte Kommunikationsziel (K-Ziel) beinhaltet primär nicht Ihren Wunsch nach mehr Geld, sondern Ihre Selbstaussage über Ihre Fähigkeiten und Erfolge. Je treffender Sie dieses K-Ziel formulieren, desto höher ist die Wahrscheinlichkeit, dass man Ihrem Wunsch entgegenkommt.

So entwickeln Sie Ihre Botschaften 23

Entwickeln Sie aus Ihren Kommunikations-Zielvorstellungen klare und schnell zu verstehende Botschaften. In unserem Beispiel sähe das folgendermaßen aus:

Meine vier wichtigsten Botschaften lauten:

1. Ich bin ein kommunikativer Mitarbeiter, der mit allen Kunden mühelos jederzeit ins Gespräch kommt und schnell ihr Vertrauen gewinnt.
2. Ich weiß, worauf es wirklich ankommt, bin loyal und setze mich erfolgreich für die Unternehmensziele ein.
3. Ich möchte diese Fähigkeiten noch weiter ausbauen und durch mehr Verantwortungsübernahme dazu beitragen, dass das Unternehmen noch erfolgreicher wird.
4. Eine Erhöhung meiner Bezüge wäre ein enormer Ansporn für diese Entwicklung. (Alternativ: Die teure Rhetorikfortbildung bei XYZ wäre zunächst ein Schritt in die richtige Richtung!)

24 So funktioniert Ihr Kommunikationsziel – hübsch verpackt

Bei einem sorgfältig zusammengestellten Kommunikationsziel liegt der Schwerpunkt nicht auf der schnöden Forderung »Ich will mehr Geld!«. Dies ergibt sich als logische Konsequenz am Ende praktisch von selbst. Hauptsächlich vermitteln Sie Ihre besonderen Fähigkeiten und den erfolgreichen Einsatz für die Unternehmensziele und fügen dem Ganzen quasi einen richtungsweisenden Wunsch hinzu. Seien Sie versichert: Wenn Sie sich in dieser Form vorbereiten und Ihren Wunsch gut vortragen, erreichen Sie viel eher Ihr Ziel.

Sicherlich erkennen Sie hinter dieser Strategie das Motto »von hinten durch die Brust ins Auge«. Wir bedienen uns dieses Sprachbilds immer dann, wenn wir nach gewisser Zeit (endlich) bemerken, worauf eine Sache eigentlich hinausläuft. Damit verbunden ist die Wahrnehmung, dass man nicht auf Anhieb erkannt hat, worum es eigentlich geht.

Bei einer Gehaltsverhandlung ist das Ziel des Vortragenden natürlich von vornherein klar. Es liegt auch nicht in Ihrer Absicht, jemanden raffiniert zu täuschen. Hübsch (auch im Sinne von attraktiv) verpackt jedoch ist ein von Ihnen überreichtes Geschenk einfach netter und erfreulicher für den Empfänger. Es gilt wieder mal: Der Ton macht die Musik, und damit ist die hier vorgestellte Vorgehensweise gerechtfertigt. In der Werbung läuft es im Übrigen genauso. Keine Firma würde offen heraus behaupten: »Hey, Kunde, kauf unser Produkt, wir wollen dein Geld!« Die meisten Werbebotschaften sind viel raffinierter und subtiler und funktionieren sehr erfolgreich nach der oben beschriebenen Methode.

Finden Sie glaubwürdige Argumente

Und so gehen Sie an die wohlüberlegten Argumente heran: Sie haben zunächst zutreffende, überzeugende und positive Selbstaussagen formuliert (siehe Tipp 21–24), was nicht immer einfach ist. Doch es reicht nicht aus, nur Behauptungen aufzustellen, Sie müssen diese auch durch stichhaltige Beweise untermauern. »Die Botschaft hör ich wohl, allein mir fehlt der Glaube«, so äußerte sich schon Goethe zu diesem Thema. Deshalb ist es jetzt beim dritten Schritt besonders wichtig, Argumente zu finden, die dazu beitragen, Ihre Botschaften glaubwürdig zu bestärken.

Die Aufgabenstellung lautet: Mit welcher Anekdote, durch welche Detailbeschreibung kann ich meinem zuhörenden Gegenüber verdeutlichen, dass meine Aussagen wirklich überzeugend sind? Welche Situationen und Begebenheiten in meinem Arbeitsalltag veranschaulichen, was meine Botschaften als Kurzformeln transportieren sollen? Wenn Sie hierfür das richtige Material gesammelt haben, überzeugen Ihre Argumente und unterstreichen die Glaubwürdigkeit Ihrer überlegt ausgewählten Forderungen.

Kommunikationsziel, Botschaften und Argumentation bilden in einem idealen Dreiklang die Grundlage, auf der sich ein Arbeitgeber für eine Gehaltserhöhung entscheiden kann. Machen Sie es ihm nicht schwerer, als es ohnehin schon ist. Sie wissen selbst gut genug: Entscheidungen sind das Schwierigste, was es in unserem Leben zu treffen gilt. Bei Ihrem Anliegen handelt es sich um eine Bringschuld, die in Ihrem eigenen Interesse Ihr berufliches Vorhaben positiv beeinflussen soll. Also bereiten Sie sich gut vor. Sie werden sich besser und selbstbewusster fühlen, und Ihr Anliegen wird von Erfolg gekrönt sein.

26 So stärken Sie Ihr Selbstbewusstsein

Um erfolgreich eine Gehaltsverhandlung zu führen, brauchen Sie eine gute Portion Selbstbewusstsein. Dieses können Sie stärken, indem Sie sich immer wieder Ihre Leistungen und Erfolge für das Unternehmen vor Augen führen.
Wichtig ist, dass Sie sich im Vorfeld nicht nur über das »Was«, also Ihr Kommunikationsziel, im Klaren sind. Sie sollten sich auch über die Rahmenbedingungen ausreichend Gedanken machen: Mit wem sprechen Sie, wann und wie? Wenn Sie diese Gesichtspunkte außer Acht lassen, gehen Sie von einer besonders schlechten Startposition aus ins Rennen.

Nochmals zu unseren Fragen aus Tipp 10:

1. Ihr Jahresbruttoeinkommenswunsch: Was meinen Sie selbst? Sind Ihre Vorstellungen realistisch gesehen zu hoch oder zu niedrig?
2. Haben Sie für Ihre Rechtfertigung eine plausible Erklärung gefunden? Wenn nicht, was wären bessere Argumente?
3. Ihr derzeitiges Jahresbruttoeinkommen: Kennen Sie die genaue Zahl? Haben Sie auch alle Extras berücksichtigt? (s. Erläuterungen zu den Fragen in Tipp 10)
4. Zur Differenz von aktuellem Einkommen und realistischem Wunscheinkommen: Richtig gerechnet? Und wie groß ist die Differenz?
5. Ihre Erklärung: Gibt es für Sie plausible Gründe, die den Unterschied rechtfertigen? Können Sie etwas dagegen tun?
6. Die mögliche Erklärung Ihres jetzigen Arbeitgebers: Wie würde diese aussehen und was meinen Sie dazu?
7. Wie rechtfertigen Sie die Steigerung? Sind Sie zufrieden mit Ihren Argumenten oder lassen sich noch substanziellere Gründe finden?
8. Zu Ihren monatlichen Lebenshaltungskosten: Wie gut wissen Sie über Ihre wirklichen Ausgaben Bescheid? Die meisten unserer Seminarteilnehmer wissen übrigens nicht sicher, was sie durchschnittlich im Monat ausgeben.

9. Wie viel Geld bräuchten Sie wunsch-, aber doch realitätsbezogen? Wofür genau benötigen Sie dieses Mehr an Geld? Wie wichtig ist Ihnen das?
10. Ihr aktuelles Monatsnettobudget: Kennen Sie das wirklich genau? Und wie kommen Sie damit klar? Für den Fall, dass es hier Probleme gibt: Benennen Sie diese so präzise wie möglich. Was sind die Ursachen?
11. Wie hoch ist die Differenz zwischen Wunsch und Realität? Ist das ein realistisches Ziel?
12. Korrelation Wunschnettogehalt und Monatsnettobudget: Haben Sie sauber gerechnet oder gibt es auffallende Abweichungen? Steht Ihnen nach Ihren Berechnungen monatlich deutlich mehr Geld zur Verfügung, als Sie eigentlich benötigen? Oder ist die Summe, die Sie monatlich ausgeben könnten, viel höher als Ihr Gehalt?
13. Gesamtkosten Ihres Arbeitgebers, bezogen auf Ihren Jahresbruttolohn: Experten rechnen Ihr Bruttogehalt plus 50 bis 100 Prozent.
14. Was bringen Sie Ihrem Arbeitgeber ein? Können Sie den Gewinn beziffern, den Sie für »Ihr« Unternehmen erwirtschaften? Versuchen Sie, sich darüber Klarheit zu verschaffen, es stärkt Ihre Verhandlungsposition.

Verhandeln um die Gehaltserhöhung

27 Erfolgreiches Verhandeln – die richtige Einstellung ist entscheidend

Fünf Aspekte bestimmen den Erfolg Ihrer Verhandlung:

- der Gesprächseinstieg (mehr dazu siehe Tipp 28)
- die überzeugende Argumentation (mehr dazu siehe Tipp 29, 30 und 31)
- das Vermeiden »falscher Argumente« (mehr dazu siehe Tipp 32–36)
- Ihre Fähigkeit, Einwänden und Kritik zu begegnen (mehr dazu siehe Tipp 37–43)
- Ihre Körpersprache, also all das, was Sie ohne Worte über sich aussagen (mehr dazu siehe Tipp 44–50)

Ein gesundes Selbstbewusstsein ist eine wesentliche Bedingung für das erfolgreiche Verhandeln. Denken Sie immer daran, dass Sie nicht als Bittsteller in ein solches Gespräch gehen. Sie sind sich vielmehr Ihrer Leistungen und beruflichen Erfolge deutlich bewusst.

Wesentlich für das Gelingen ist Ihre Einstellung zur Gehaltsverhandlung. Gehen Sie mit einer konkreten Haltung in die Verhandlung: »Ich werde versuchen, meinen Gesprächspartner für mich zu gewinnen. Ich möchte ihn davon überzeugen, dass meine Leistung es wert ist, besser bezahlt zu werden.« Machen Sie sich außerdem klar, dass die Gesprächsführung in Ihren Händen liegt – Sie geben die Richtung vor. Am besten gelingt Ihnen dies durch geschicktes Fragen.

Dabei möchten wir feststellen, dass bei Gehaltsverhandlungen kein diabolisches Verhandlungsgeschick nötig ist, um der anderen Seite horrende Summen abzuschwatzen. Vielmehr geht es darum, in einer zugegebenermaßen nicht ganz einfachen Situation den Überblick zu behalten und dadurch das Gespräch mit dem Vorgesetzten positiv zu lenken.

So finden Sie den richtigen Gesprächseinstieg 28

Die wichtigste Grundregel bei der Gehaltsverhandlung lautet: Nennen Sie niemals zuerst einen konkreten Betrag. Dafür gibt es zwei entscheidende Gründe:

Sobald Sie eine Summe angeben, ist diese die Richtmarke, an der sich alle weiteren Gespräche orientieren. Sie haben dann unter Umständen eine Zahl genannt, noch bevor Sie sich richtig präsentieren konnten. Das aber verschlechtert Ihre Ausgangslage enorm, denn nun müssen Sie erst einmal beweisen, dass Ihre Leistungen diesen Preis wert sind. Dazu haben Sie aber womöglich keine Gelegenheit mehr, weil die Zeit für das Gespräch schon abgelaufen ist oder das Interesse des Chefs wegen der zu hohen Gehaltsforderung erlahmt.

Mindestens genauso wahrscheinlich ist auch, dass Sie zu tief gestapelt und eine zu niedrige Summe genannt haben. Sich von dieser wieder zu lösen ist dann so gut wie unmöglich.

Andererseits treibt die direkte Frage nach dem Geld den Arbeitgeber oder Vorgesetzten womöglich in die Enge. Er fühlt sich unter Druck gesetzt. Stellen Sie also zunächst die eigene Arbeit und nicht die Gehaltsforderung in den Vordergrund Ihres Gesprächs. Versuchen Sie generell, das Wort Gehaltserhöhung zu vermeiden – schon wenn es darum geht, einen Termin für dieses Gespräch zu vereinbaren. Sie können von einem Beurteilungsgespräch oder einer Unterredung über die eigenen Entwicklungschancen in der Firma sprechen.

Dem stimmt auch der Unternehmensberater Werner Wiehl zu: »Ich halte es taktisch für völlig falsch, ein Gehaltsgespräch mit den Worten ›Ich will mehr verdienen‹ zu beginnen. (...) Lieber sollte man andeuten, mehr Verantwortung übernehmen zu wollen, dann ergibt sich das Thema Geld von selbst.«[2]

Eine andere Möglichkeit: Leiten Sie das Gespräch mit einer Frage ein. (Sie wissen ja, wer fragt, der führt ...). Sie könnten sich nach der Zufriedenheit mit Ihrer Leistung erkundigen und so auf Ihre Erfolge und positiven Ergebnisse zu sprechen kommen. Oder fragen Sie, welche Perspektiven Sie in dem Unternehmen haben und was Sie tun könnten, um weiter voranzukommen.

Danach fällt der Übergang zu Ihrem eigentlichen Anliegen nicht mehr schwer. Sagen Sie beispielsweise: »Sie können aus meinen Arbeitsergebnissen ableiten, dass ich mich sehr erfolgreich für unser Unternehmen engagiert habe. Was meinen Sie, wie stehen die Chancen, dass dieser Einsatz finanziell honoriert wird?« So sind Sie geschickt aufs Thema gekommen, ohne Ihrem Gegenüber durch die Nennung einer konkreten Zahl die Pistole auf die Brust zu setzen.

Legen Sie sich stichhaltige Argumente zurecht 29

Haben Sie den Einstieg ins Gespräch gefunden, gilt es, stichhaltige Argumente parat zu haben. Die Kunst besteht darin, Ihre Leistungen noch einmal sehr anschaulich so zu präsentieren, dass Ihrem Gegenüber wirklich deutlich wird, was er (und selbstverständlich das Unternehmen) an Ihnen hat.

Machen Sie Ihrem Vorgesetzten klar: Ein Mehr an Bezahlung wird sich für das Unternehmen und vielleicht auch für ihn persönlich (beispielsweise als Chef einer erfolgreichen Abteilung) letztlich in barer Münze auszahlen. Zeigen Sie ihm, dass Sie der Firma ein Vielfaches mehr einbringen, als diese für Sie ausgibt. Ihre beruflichen Erfolge sind dabei ganz entscheidend. Sie müssen auf jeden Fall Ihre Leistungen so transparent wie möglich machen. »Knallharte« Zahlen eignen sich ausgezeichnet als Argumente:

Beispiele

»... Ich habe den Umsatz um 5 Prozent gesteigert ...«,
»... die Kosten um 13 Prozent reduziert ...«,
»... die Stammkundenzahl auf ... erweitert ...« usw.

30 Überzeugen Sie mit zu erwartenden positiven Ergebnissen

Sehr überzeugend in der Argumentation für Ihre Gehaltsforderungen wirken auch zu erwartende positive Ergebnisse. Denken Sie darüber nach, ob Sie an Erfolg versprechenden Projekten mitarbeiten, bei denen Sie noch mehr Verantwortung übernehmen könnten. Dieser zukünftige Einsatz wiegt noch viel stärker als bereits vergangene Erfolge. Denn für jene, so rechnet der Vorgesetzte, wurden Sie ja bereits bezahlt. Stellen Sie auch neu erworbene oder angestrebte Qualifikationen in den Vordergrund. Neue Kenntnisse zählen außerdem als stichhaltiges Argument für eine Aufbesserung von Lohn oder Gehalt. Allerdings sollten Sie bei der Darstellung Ihrer Leistungen auch nicht übertreiben. Verfallen Sie also nicht in einen Monolog darüber, was Sie im Leben schon alles erreicht haben und noch leisten werden, sondern konzentrieren Sie sich auf die mit der Position unmittelbar verbundenen Fähigkeiten und Herausforderungen. Und bieten Sie Ihrem Chef unbedingt die Möglichkeit, einzuhaken und nachzufragen.

Das müssen Sie beachten, um geschickt argumentieren zu können

31

Ihre Ausführungen müssen überzeugende, also dem Unternehmen Gewinn verheißende Argumente enthalten bzw. in Aussicht stellen, die eine Gehaltserhöhung rechtfertigen. Überlegen Sie daher genau, welche Gründe Sie zuerst nennen, wie Sie also Ihre Werbung in eigener Sache richtig starten. Hüten Sie sich aber davor, all Ihre Argumente auf einmal zu bringen. Dafür gibt es zwei Gründe:

- Beim nächsten Einwand geht Ihnen womöglich die »Munition« aus.
- Wenn Ihr Gegenüber über ein wenig Verhandlungsgeschick verfügt, wird er sich das schwächste Glied aus Ihrer Argumentationskette herausgreifen und es zerpflücken. Die anderen Punkte lässt er vermutlich einfach unter den Tisch fallen, und Sie stehen mit leeren Händen da.

Bringen Sie Ihr stärkstes Argument erst am Schluss, sozusagen als Knalleffekt oder Joker. Zu diesem Zeitpunkt hat Ihr Gesprächspartner sehr wahrscheinlich seine wesentlichen Einwände schon bei der Diskussion um die etwas schwächeren Gründe vorgebracht. Gehen Sie also rhetorisch mit Geschick vor.

Sprechen Sie nicht über die Höhe der gewünschten Gehaltsaufbesserung, ehe Sie nicht unbedingt müssen. Versuchen Sie, die Nennung der konkreten Zahl so lange wie möglich hinauszuzögern.

32 Schaffen Sie eine positive Atmosphäre

Denken Sie daran: Der Ton macht die Musik. Verbissenheit in einer Gehaltsverhandlung bringt gar nichts und führt höchstens zu einer Verhärtung der Fronten. Auch wenn es schwerfällt: Freundlichkeit und die Fähigkeit, über sich selbst lachen zu können, lassen Sie sympathisch wirken und können als echte Eisbrecher in einer schwierigen und festgefahrenen Situation fungieren.

Schaffen und halten Sie im Laufe der Verhandlung eine positive Atmosphäre, indem Sie bei Übereinstimmungen mit Ihrem Gesprächspartner dies deutlich zum Ausdruck bringen: »Stimmt. Das sehe ich genauso«; »Schön, dass wir in diesem Punkt übereinstimmen ...«.

Verläuft das Gespräch nicht nach Ihren Vorstellungen, und sehen Sie Ihre Chancen förmlich dahinschmelzen, fordern Sie Vorschläge der Gegenseite ein (»Welche Möglichkeiten sehen Sie denn, dass meine Erfolge für die Firma Anerkennung finden könnten?«). Zeigen Sie, dass Sie gern in dem Unternehmen arbeiten, im Interesse der Firma handeln und gerade deshalb am persönlichen Fortkommen interessiert sind.

Vermeiden Sie die Todsünden im Gehaltsgespräch

33

Um den Erfolg Ihrer Gehaltsverhandlung nicht zu gefährden, sollten Sie einige Punkte unbedingt vermeiden:

Stellen Sie keine Vergleiche mit Kollegen an

»Herr Meier ist nur halb so lange im Unternehmen und bekommt genauso viel Geld wie ich. Und Frau Schmidt arbeitet viel langsamer, trotzdem verdient sie mehr. Ich will auch mehr ...« Auf Vergleiche dieser Art reagieren Vorgesetzte meistens allergisch. Vermeiden Sie diese deshalb besser, denn Sie schmälern damit nur Ihre eigene Position, wirken unsympathisch und neidisch. Außerdem fehlen Ihnen in der Regel die konkreten Einblicke, die einen wirklich objektiven Vergleich zulassen.

Signalisieren Sie niemals Gruppenforderungen

Erwecken Sie in dem Verhandlungsgespräch keinesfalls den Eindruck, es handle sich bei Ihrer Forderung nur um die erste von vielen folgenden, die Ihre Kollegen noch vorbringen werden. Ihr Wunsch nach höherer Bezahlung sollte individuell sein. Sonst bekommt es Ihr Vorgesetzter mit der Angst zu tun, weil er befürchten muss, dass eine wahre »Lawine« losgetreten wird. Damit tun Sie sich selbst keinen Gefallen.

Ziehen Sie keine Parallelen zu anderen Unternehmen

Sie sammeln nur Minuspunkte, wenn Sie auch nur andeuten, dass in der Konkurrenzfirma den Mitarbeitern in ähnlicher Position mehr gezahlt wird. Man wird möglicherweise an Ihrer Loyalität dem Arbeitgeber gegenüber zweifeln und sich fragen, woher Sie diese Informationen haben oder ob Sie womöglich Geschäftsgeheimnisse ausplaudern. Zudem müssen Sie bei einem derartigen Vergleich mit folgender Antwort rechnen: »Dann frage ich mich, warum Sie noch bei uns arbeiten, wenn es woanders doch so viel besser ist.«

34 Mit schwachen Argumenten kommen Sie nicht weiter

Ihre Gründe für eine Gehaltserhöhung sollten Hand und Fuß haben. Leistungen, neue Aufgaben und Verantwortung zählen, nicht aber der Grund, dass Sie seit sechs Jahren im Unternehmen sind oder die letzte Gehaltserhöhung schon Jahre zurückliegt.

Nennen Sie keine außerbetrieblichen Gründe

»Alles ist teurer geworden. Ich weiß gar nicht, wie ich meine Familie über die Runden bekommen soll. Und dann ist da noch der Kredit ...« Jammereien wie diese bringen nur Minuspunkte bei der Gehaltsverhandlung. Sie werden schließlich nicht aus Mitleid bezahlt, und kein Unternehmen der Welt wird aus lauter Anteilnahme seinen Angestellten mehr Geld bieten. Ausschlaggebend ist und bleibt alleine Ihre Leistung.

Vermeiden Sie schwache Argumente

Wenn Sie Gründe für die Gehaltserhöhung vorbringen, sollten diese Hand und Fuß haben. Leistung, neue Aufgaben und Verantwortung zählen, nicht aber das Argument, dass »meine letzte Gehaltsverhandlung schon Jahre zurückliegt« oder: »Ich bin schon fünf Jahre in dem Unternehmen – da ist ja wohl eine Gehaltserhöhung oder Beförderung fällig.« Die Zeiten sind vorbei, in denen allein die Dauer der Betriebszugehörigkeit schon für eine Gehaltserhöhung oder den Aufstieg reicht.

Bringen Sie keine Ja-aber-Antworten

»Das kann ja sein, aber ich finde ...« Damit versuchen Sie Ihr Gegenüber herabzusetzen. Das schafft ebenso wenig eine gute Atmosphäre wie negative Äußerungen über die Kollegen oder das gesamte Unternehmen. Vermeiden Sie es auch, Unzufriedenheit auszustrahlen. Wenn Sie Ihren Unwillen zum Ausdruck bringen, outen Sie sich damit unfreiwillig als potenzieller Störenfried. Auf diese Weise landen Sie eher auf der Abschuss- als auf der Beförderungsliste.

Versuchen Sie, selbstsicher zu wirken, ohne sich selbst zu überschätzen

Versuchen Sie, durch gute Vorbereitung und bewusste Körpersprache (siehe Tipp 46–52) selbstsicher zu wirken. Vermeiden Sie allerdings den Eindruck der Selbstüberschätzung.

Zeigen Sie keine Unsicherheit

Durch eine leise Stimme, einen gesenkten Blick oder viele vorsichtige Konjunktivformulierungen wie »Vielleicht könnten Sie sich vorstellen, mir unter Umständen, na sagen wir, etwas mehr Gehalt zu zahlen?« überzeugen Sie Ihr Gegenüber nicht. Natürlich sind Sie vor so einem Gespräch nervös, das ist nur verständlich. Aber auffällige Unsicherheit spricht in diesem Fall gegen Sie. Es scheint, als seien Sie selbst von sich und Ihrer Forderung nicht überzeugt. Warum sollte es dann Ihr Gegenüber sein? Viel wirkungsvoller sind klare Aussagen wie »Meine Fähigkeiten haben sich sehr gut entwickelt. Ich bin überzeugt, dass damit auch ein höheres Gehalt gerechtfertigt ist.«

Reagieren Sie nicht falsch

Lobt Ihr Chef Sie zwar zunächst, stellt dann aber Ihre Leistungen als selbstverständlich hin, sind Sie gefordert. Wenn Sie hier nicht sofort die richtigen Argumente parat haben, verspielen Sie leichtfertig Ihre große Chance.

Vermeiden Sie Selbstüberschätzung

Wer zu viel fordert oder damit protzt, sowieso besser als alle anderen zu sein, katapultiert sich selbst ins Aus. Überheblichkeit und Übertreibung führen nur dazu, dass Ihr Gegenüber sich sagt: »Jetzt erst recht nicht« (Stichwort: Reaktanz, also Widerstand).

36 Nachfragen ist besser, als aggressiv zu reagieren

Hüten Sie sich vor Aggression

Eine Ablehnung Ihres Geldwunsches ist kein Grund, unangenehm oder gar ausfallend zu werden. Ein Nein ist zwar enttäuschend und ärgerlich, aber es sollte Sie nicht dazu veranlassen, die Beherrschung zu verlieren. Fragen Sie Ihren Chef stattdessen nach seinen Gründen, und bitten Sie ihn um Tipps, was Sie aus seiner Sicht ändern oder verbessern könnten. Versuchen Sie, ein ruhiges Gespräch darüber zu führen. Außerdem ist eine Ablehnung kein Grund, sich für immer und ewig mit seinem Gehalt zufriedenzugeben. Versuchen Sie es nach einem Viertel- bis halben Jahr wieder (siehe auch Tipp 91ff.).

Starten Sie niemals Erpressungsversuche

»Entweder ich kriege mehr Geld, oder ich gehe.« Eine solche Taktik kann sehr schnell nach hinten losgehen. Abgesehen von der absoluten Ausnahme, wenn die Auftragslage überragend, der Arbeitsmarkt wie leergefegt und Ihre Qualifikation unverzichtbar wäre, sieht der Regelfall ganz anders aus. In diesem Fall kann es Ihnen passieren, dass Ihr Chef schlicht mit der Antwort reagiert: »Na, wenn das so ist, dann müssen Sie wohl gehen …« Denken Sie daran, fast niemand ist unersetzbar. Wenn Sie nach Ihrem großspurigen Auftreten kleinlaut werden und doch bleiben, droht Ihnen Gesichtsverlust, und Sie haben demonstriert, dass offensichtlich auch andere Firmen Ihre Leistungen nicht höher bewerten als Ihre eigene. Sonst hätten Sie ja eines der anderen »verheißungsvollen« Angebote wahrgenommen.

Trainieren Sie vorab den Umgang mit Einwänden und Kritik

37

Wenn Sie sich vorher intensiv mit Ihrem Gegenüber beschäftigt haben, dann fällt es Ihnen auch leichter, sich auf die möglichen Widerstände, Gegenargumente und Kritikpunkte seitens Ihres Chefs vorzubereiten. Denn im Gehaltsgespräch geht es eben oft nicht nur um die Stärken des Arbeitnehmers, sondern auch um seine Schwächen. Rechnen Sie also mit kritischen Äußerungen. Haben Sie die potenziellen Reaktionen Ihres Vorgesetzten vorher bereits einmal durchdacht und (am besten schriftlich) darauf Antworten formuliert, können Sie im Gespräch vorbereitet und angemessen darauf reagieren. Seien Sie darauf vorbereitet, dass Sie möglicherweise auch ein paar Dinge anführen können, die Ihnen im Arbeitsalltag nicht gefallen. Dies sollten Sie aber außerordentlich vorsichtig und mit sehr viel Fingerspitzengefühl tun, sonst kann die Stimmung ganz schnell ins Gegenteil umschlagen.
Nutzen Sie lieber rhetorische Kunstgriffe, die Ihnen helfen, geschickt auf Widerstände zu reagieren (siehe auch Tipp 38 sowie Tipps 39–44). Sicher können die folgenden Tipps kein adäquater Ersatz für ein intensives, mehrtägiges Rhetorikseminar sein. Aber wir möchten Ihnen gern einige sprachlichen Finessen vermitteln, die Ihnen bei der Gehaltsverhandlung helfen können.
Auch wenn die Einwände gegen Ihren Gehaltswunsch nicht sofort deutlich formuliert werden: Auf Arbeitgeberseite bestehen in der Regel immer Bedenken, Vorurteile oder Zweifel, mit denen Sie rechnen müssen. Beim Umgang mit Einwänden bietet die Fünfsatz-Argumentation (siehe nächste Seite) ein gutes gedankliches Rüstzeug:

Die Fünfsatz-Argumentation

- Benennen Sie klar und kurz Ihren Standpunkt: »Ich bin davon überzeugt, dass meine Leistungen besser honoriert werden sollten.«
- Präsentieren Sie Ihre Argumente: An dieser Stelle sollten Sie Ihre Erfolge, Ihren besonderen Einsatz oder ein erweitertes Aufgabengebiet nennen.
- Untermauern Sie dies durch möglichst konkrete Beispiele oder Beweise: Nennen Sie Zahlen, Umsatzverbesserungen, Kosteneinsparungen, Projekterfolge ...
- Begegnen Sie möglichen Einwänden, oder besser, kommen Sie ihnen zuvor: »Sie werden jetzt denken ... Ich aber versichere Ihnen ...«
- Ziehen Sie das Fazit: »Aus den folgenden Gründen ... bin ich überzeugt, dass es jetzt Zeit für eine Gehaltserhöhung ist.«

Wie bereits erwähnt: Denken Sie daran, dass bei mehreren Argumenten das beste am Schluss, das zweitbeste am Anfang stehen sollte. Nehmen Sie die Chance wahr, dabei wirkungsvoll zu überzeugen. Das darf nicht bedeuten, den anderen »totzureden«. Ihr konstruktiver Umgang mit den Einwänden bringt mehr Punkte und lässt Sie vor allem sympathischer erscheinen als der vermeintliche argumentative Sieg. Begreifen Sie den vorgebrachten Einwand immer auch als Verständnishilfe und unterstützen Sie das Orientierungsbedürfnis Ihres Gesprächspartners.

Nutzen Sie die Standardtechniken der Rhetorik

Für den Fall der Fälle ist es sinnvoll, einige Standardtechniken der Rhetorik zu kennen. Im Gehaltsgespräch sind insbesondere diese wichtig:

- die bedingte Zustimmung,
- die Umformulierungsmethode,
- die Verzögerungstaktik,
- die Vorteil-Nachteil-Methode.

Die bedingte Zustimmung:

Sie greifen einen Teilaspekt des vorgebrachten Einwands heraus, stimmen ihm aus taktischen Erwägungen (bedingt) zu, um danach Ihren Standpunkt umso vorteilhafter zu präsentieren. Im Anschluss relativieren Sie den vorgebrachten Einwand überzeugend.

Beispiel

Ihr Gesprächspartner wendet ein, es müsse gespart werden, deshalb sei eine Gehaltsaufbesserung für Sie im Moment einfach nicht möglich. Ihre mögliche Reaktion darauf: »Das ist ein wichtiger Punkt, den Sie da ansprechen. Es stimmt, da bin ich Ihrer Ansicht, dass wir sparen müssen. Ich habe ja bereits, wie Sie wissen, dazu beigetragen, dass die Kosten unserer Abteilung von ... auf ... reduziert werden konnten. Finden Sie, dass man über diese Leistung einfach so hinweggehen sollte?« »Nein, das sicherlich nicht ...«, wird die Antwort Ihres Gegenübers lauten. »Sehen Sie, ich bin ganz Ihrer Meinung ... Sie stimmen mir doch sicherlich zu, wenn ich sage, dass ... (z.B. Erfahrung, spezielle Kenntnisse, Erfolge) entsprechend honoriert werden sollten.«

Die Umformulierungsmethode

Hierbei wird der Einwand durch eine teilweise Umformulierung weitestgehend entschärft (»Wenn ich Sie richtig verstanden habe, kommt es Ihnen darauf an, für das Unternehmen die besten Bedingungen und Ergebnisse zu erzielen ...«). Jetzt können Sie wieder Ihre Leistungen, Ihr Engagement und andere Kriterien in den Vordergrund rücken, die zeigen, dass Sie »am selben Strang ziehen« und bei all Ihrem Tun nur das Wohl der Firma im Auge haben.

Die Verzögerungstaktik

Sie signalisieren, den Einwand verstanden zu haben, und bitten darum, zunächst noch den einen oder anderen Punkt erwähnen oder erklären zu dürfen. Dies sollten Sie dann auch sofort tun. In jedem Fall kommt das Gespräch zu einem Punkt, der den vorherigen Einwand hoffentlich vergessen macht oder ihn nicht mehr interessant erscheinen lässt (»Eine interessante Frage, kann ich aber zunächst noch einmal darauf hinweisen, dass ...«). Wenn Sie einmal studieren möchten, wie man diese Methode erfolgreich anwendet, schauen und hören Sie im Fernsehen mal ganz genau hin, wenn Politiker interviewt werden: »Herr Wickert, ich bin Ihnen dankbar für diese Frage, nur lassen Sie mich zunächst noch auf folgenden Punkt eingehen ...«

Die Vorteil-Nachteil-Methode

Hier nehmen Sie scheinbar den gebotenen Einwand auf, wägen Vor- und Nachteile ab. Da Sie das selbst formulieren, liegt das Ergebnis in Ihrer Hand und ist damit für Sie auch gut steuerbar.

Beispiel

»Ich habe Sie doch richtig verstanden – bitte korrigieren Sie mich, wenn ich da jetzt falsch liege –, Sie meinen also, Sparen ist in dieser schweren Zeit vorrangig. Da gebe ich Ihnen natürlich recht. Und es ist sicher von Vorteil, sich genau zu überlegen, wofür Geld ausgegeben wird. Es ist selbstverständlich für das Unternehmen von Nachteil, Geld im selben Maße wie in konjunkturell besseren Phasen auszugeben, und deshalb wird man bei der Erhöhung von Gehältern eher zurückhaltend sein. Aus meiner Sicht aber hat das

Unternehmen den Vorteil, durch mein Engagement Kosten zu sparen. Außerdem habe ich geholfen, die Gewinne zu erhöhen. Das sind meiner Meinung nach gewichtige Argumente. Der Nachteil für das Unternehmen wäre, etwas mehr Geld für mein Gehalt auszugeben. Der Vorteil, nämlich langfristig Kosten einzusparen und Gewinne zu erzielen, überwiegt in meinen Augen gegenüber dem Nachteil einer Gehaltserhöhung.«

39 So reagieren Sie auf die Gegenargumente der Chefs

Im Folgenden haben wir die häufigsten Gegenargumente der Chefs bei Gehaltsverhandlungen zusammengestellt und Tipps formuliert, wie Sie darauf am besten reagieren können.

»Glauben Sie wirklich, dass Ihre Leistungen eine so hohe Gehaltsforderung rechtfertigen?«

Mit diesem Einwand versucht man, Sie zu verunsichern und an Ihrem Selbstvertrauen zu kratzen. Hier kommt es darauf an, sich nicht ins Bockshorn jagen zu lassen. Fragen Sie konkret nach, was mit Ihren Leistungen nicht stimmt: »Ich wäre interessiert zu erfahren, womit Sie in letzter Zeit nicht zufrieden waren. Was ist mit meinen Leistungen nicht in Ordnung?«

»Warum sollten wir ausgerechnet Ihnen mehr bezahlen?«

Wenn man Ihnen auf diese nicht gerade freundliche Art begegnet, heißt es: Ruhig Blut. Überhören Sie die provozierenden Worte, und argumentieren Sie sachlich, nach dem Motto: »Ich habe mehr Geld verdient, weil ...« Lassen Sie sich nicht einschüchtern und stellen Sie selbstbewusst Ihre Leistungen und Erfolge dar.

»Andere wären froh, wenn sie einen so guten Arbeitsplatz hätten wie Sie. Denken Sie nur an die Millionen Arbeitslosen!«

Auf diese Art von Argumentation sollten Sie nicht eingehen. Bekräftigen Sie noch einmal, dass Ihre Leistungen und Erfolge eine bessere Bezahlung rechtfertigen.

Ihr Gegenüber möchte Ihnen ein schlechtes Gewissen machen und mehr Dankbarkeit einfordern. Eine hinterhältige Methode, um Sie von Ihren Forderungen abzubringen. Da Sie das Spiel aber durchschauen, werden Sie Ihrem Gesprächspartner diesen Gefallen nicht tun. Statt also auf diese Art von Argumentation einzugehen, bekräftigen Sie noch einmal, dass Ihre Leistungen und Erfolge eine bessere Honorierung rechtfertigen.

So reagieren Sie auf die Verschiebetaktiken der Chefs

40

Gern wird auch vonseiten des Vorgesetzten versucht, Sie auf einen späteren Zeitpunkt zu vertrösten. Unser Rat: Lassen Sie sich nicht darauf ein. So wird er merken, dass Sie sich und Ihre Interessen ernst nehmen. Hier ein paar Reaktionsmöglichkeiten:

»Sie werden nicht damit zufrieden sein, was ich Ihnen als Gehalt anbieten kann – aber leider, leider geht es nicht anders.«
Geben Sie Ihrem Gegenüber zunächst recht: »Ja, das stimmt, damit bin ich wirklich nicht zufrieden.« Und fügen Sie dann hinzu: »Trotz allem sollten wir versuchen, eine angemessene Lösung zu finden. Was gibt es da für Möglichkeiten?« Auf diese Weise zeigen Sie Verständnis, aber auch, dass Sie nicht so schnell aufgeben (Ideen für Vorschläge finden Sie unter Tipp 53).

»Ich werde mal sehen, was sich bei meinem Vorgesetzten machen lässt.«
Sie könnten erwidern, dass Ihr direkter Vorgesetzter Sie in jedem Fall objektiv am besten beurteilen könnte. Deshalb hätten Sie ihn angesprochen. Außerdem wollten Sie ihn nicht übergehen. Sie würden es also sehr begrüßen, wenn er Ihre Gehaltsforderung an »höherer Stelle« angemessen zur Sprache bringt. Außerdem bieten Sie an, gern selber mit dem Geschäftsführer zu verhandeln. So machen Sie deutlich, dass Sie sich nicht abwimmeln lassen, falls die Antwort lautet: Die da oben haben nicht zugestimmt.

»Fragen Sie in einem Jahr noch einmal nach.«
Sie könnten argumentieren, dass Sie eigentlich vorhatten, schon im vergangenen Jahr nach einer Gehaltserhöhung zu fragen. Da jedoch noch zwei Abschlüsse von gewinnträchtigen Projekten ausstanden, haben Sie gewartet, bis Sie auch diese Erfolge vorweisen konnten. Deshalb möchten Sie nicht noch ein weiteres Jahr warten.

41 So reagieren Sie, wenn Ihr Chef Ihre Kollegen als Gegenargument anführt

»Eine Gehaltserhöhung gefährdet den Betriebsfrieden.«
Diese Behauptung ist ebenfalls ein auf der Chefseite sehr beliebtes Gegenargument. Es sei gegenüber den Kollegen nicht gerecht, wenn Sie viel mehr Geld bekämen. Dazu ist zu sagen, dass heutzutage weniger die Arbeit als vielmehr der Mitarbeiter eingestuft wird. Das Argument »Gleiches Geld für gleiche Arbeit« ist dann nicht mehr stichhaltig, wenn Mitarbeiter, beispielsweise im gleichen Team, verschiedene Aufgaben erfüllen. Deren unterschiedliche Qualitäten können durchaus auch anders bezahlt werden. Das ist in vielen Firmen so üblich. Es empfiehlt sich allerdings, dies so zu formulieren, dass die eigenen Kollegen nicht herabgesetzt werden.

»Heute fragen Sie nach mehr Geld, und morgen kommt die ganze Abteilung.«
Hier tritt die Angst der Chefs zutage, mit Ihnen einen Präzedenzfall zu schaffen. Andere Kollegen könnten – ermutigt von Ihrem Erfolg – ebenfalls Gehaltserhöhungen fordern. Verweisen Sie darauf, dass Ihre Situation sich nicht auf die anderen Mitarbeiter übertragen lässt. Außerdem werden Sie natürlich, das ist keine Frage, mit niemandem darüber reden. Absolutes Stillschweigen und Loyalität sind selbstverständlich.

»In der Position, die Sie innehaben, kann nicht mehr gezahlt werden.«

»Gut, dann sollte man vielleicht über eine Beförderung nachdenken. Meine Leistungen sind kontinuierlich besser geworden, ich habe entscheidende Erfolge erzielt, wie Sie auch bestätigt haben. Welche Qualifikationen oder welche zusätzlichen Leistungen wären noch nötig für eine Beförderung?« Auf diese Art und Weise haben Sie unterstrichen, dass Sie selbstbewusst sind und sich nicht mit dem Status quo zufriedengeben.

»Die Kassen sind leer.«

Dies ist eine der häufigsten Abwehrstrategien, ebenso wie die Aussage: »Das können wir uns nicht leisten.« Nun leben wir leider in Zeiten mit hoher Arbeitslosigkeit und unermüdlichen Sparappellen seitens der Unternehmer. Doch sollten Sie sich davon nicht gleich abschrecken lassen, sondern, sofern Sie die Möglichkeit haben, im Vorfeld die Bilanz des Unternehmens sorgfältig studieren. Schließlich ist es ein offenes Geheimnis, dass nicht nur die Zahl der Arbeitslosen Rekordmarken erreicht, sondern auch der Gewinn einiger Unternehmen.

Erwähnt seien hier beispielsweise die Boombranchen Automobil-, Pharma- und chemische Industrie sowie Banken und Energieversorger. Wenn Sie also Ihrem Chef darlegen können, wie viel das Unternehmen im vergangenen Jahr mehr an Gewinn gemacht hat und dass Sie an diesem Erfolg nicht ganz unbeteiligt sind, stehen Ihre Chancen schon viel besser.

43 So reagieren Sie, wenn Ihr Chef versucht, Sie mit Branchenvergleichen abzuwimmeln

»Sie werden bei uns doch schon weit besser bezahlt, als es bei der Konkurrenz je der Fall wäre.«
Hier zahlt sich aus, wenn Sie recherchiert haben, welche Tarife in anderen Unternehmen geboten werden. Dann könnten Sie antworten, dass Sie sich eingehend darüber informiert hätten, was anderswo gezahlt wird. Und deshalb seien Sie nicht der Meinung, dass in Ihrem Unternehmen über Durchschnitt gezahlt würde. Ihre Leistungen jedoch seien außerordentlich, was sich auch in der Bezahlung niederschlagen sollte.

»Gehälter in dieser Höhe sind in der Branche nicht üblich.«
Auch dies ist wieder eine Verunsicherungsstrategie, die Ihnen nichts anhaben kann, sofern Sie sich vorher informiert haben. Wenn Ihre Erkenntnisse auf echten Zahlen beruhen, können Sie erwidern, dass Sie gerne darstellen möchten, auf welcher Grundlage Ihre Gehaltsforderung fußt, etwa auf der aktuellen Veröffentlichung über die Branchendurchschnittsgehälter. Entgegnen Sie: »Ich weiß nicht, ob Sie diese schon einsehen konnten.« Sie zeigen so, dass man Sie nicht so leicht bluffen kann, zum anderen geben Sie Ihrem Gegenüber die Möglichkeit zum Einlenken. Er könnte sich nun mit der Bemerkung zurückziehen, dass es wohl nicht die aktuellsten Zahlen waren, die er zur Verfügung hatte.

Lassen Sie sich von den Einwänden Ihres Chefs nicht einschüchtern

44

»Ich schätze Ihre realistische Art sehr, daher kann ich gar nicht verstehen, dass ausgerechnet Sie mehr Geld fordern.«
Diese Taktik heißt Zuckerbrot und Peitsche. Ein Lob, das Ihnen allerdings »um die Ohren gehauen wird«. Sie lassen sich nicht provozieren, bedanken sich für das Lob und argumentieren folgendermaßen: »Eben weil ich realistisch bin, schätze ich ganz nüchtern ein, dass mein Engagement der Firma dazu verholfen hat, Gewinne zu machen und auch Kosten einzusparen. Das, so meine ich, sollte doch entsprechend honoriert werden.«

»Wer sagt mir, dass Sie sich nicht einfach ›einen faulen Lenz‹ machen, wenn Sie erst das höhere Gehalt haben?«
Diese Unterstellung ist im Grunde eine Frechheit. Es spricht nicht gerade für Ihren Vorgesetzten, Ihnen diese Frage zu stellen. Bleiben Sie trotzdem freundlich und gelassen. Weisen Sie darauf hin, dass er Sie doch mittlerweile gut genug kennen müsste, um einzuschätzen, dass Sie nicht zu dem Typ Mensch gehören, der sich auf seinen Lorbeeren ausruht.
Wenn Sie in der Verhandlung von Ihrem Chef mit wirklich merkwürdigen und unvorhersehbaren Einwänden konfrontiert werden, können Sie mit diesem Trick etwas Zeit gewinnen: Fragen Sie noch einmal nach, wie etwas gemeint war, ob Sie alles richtig verstanden haben oder auch, warum Ihr Gegenüber etwas Bestimmtes fragt.

45 Seien Sie aufmerksam, wenn Sie ein übertarifliches Gehalt aushandeln

Besonders aufmerksam sollten Sie sein, wenn Sie ein übertarifliches Gehalt aushandeln wollen (und dazu wollen wir Sie natürlich ausdrücklich ermuntern). Viele Arbeitgeber rechnen nämlich den Anstieg des Tariflohns auf die außertarifliche Vergütung an. Ein Beispiel: Der Tariflohn beträgt 3000 Euro monatlich, Sie aber erhalten 3500 Euro. Nun wird das Tarifgehalt um 100 Euro erhöht. Statt einer Gehaltserhöhung bekommen Sie jedoch nur einen Brief von Ihrem Chef, in dem Ihnen mitgeteilt wird, dass sich der tarifliche Anteil Ihres Gehalts erhöht, dies jedoch keine Auswirkung auf Ihr Einkommen hat.

Am geschicktesten schließen Sie durch eine möglichst deutlich formulierte Sondervereinbarung in Ihrem Vertrag aus, dass Sie Jahr für Jahr leer ausgehen. Diese Klausel könnte lauten: »Das Gehalt wird den jährlichen Tariferhöhungen entsprechend angepasst.« Verzichten Sie auch dann nicht auf diese Klausel, wenn Ihnen nur folgende Formulierung angeboten wird: »Das Gehalt wird jährlich/regelmäßig überprüft.« Das ist zwar wachsweich formuliert, gibt Ihnen aber immerhin die Möglichkeit, in der Sache beim Chef vorstellig zu werden.

Probleme kann es beim übertariflichen Gehalt auch mit dem Weihnachtsgeld und anderen Zusatzleistungen (13. oder 14. Gehalt und Urlaubsgeld) geben. Steht nichts anderes im Vertrag, ist es nämlich durchaus möglich (und rechtens!), dass sich Ihr Arbeitgeber bei der Festlegung dieser Bezüge am Tarifgehalt orientiert. Sprechen Sie dieses Problem an und lassen Sie entsprechende Ergänzungen in den Vertrag aufnehmen.

Signalisieren Sie Selbstbewusstsein durch Ihre Körpersprache

46

Ein gesundes Selbstvertrauen – darauf haben wir bereits mehrfach hingewiesen – ist wesentlich für den Erfolg in der Verhandlung. Dabei kommt es nicht nur darauf an, die Argumente in eigener Sache so zu vermitteln, dass Ihrem Gegenüber klar wird: Dieser Mitarbeiter ist sein Geld wert. Es gilt auch, durch die Körpersprache Selbstbewusstsein zu signalisieren. Denn Ihr Auftreten gibt sehr viel über Ihre innere Haltung preis. Experten schätzen, dass weit über 65 Prozent der menschlichen Kommunikation sich auf körpersprachlicher Ebene abspielen.
Mit der Körpersprache drücken wir vor allem unseren Gefühlszustand aus. Den meisten Menschen ist gar nicht bewusst, dass sie durch Gestik und Mimik genauso viel aussagen wie durch Worte. Hochgezogene Augenbrauen, gerümpfte Nase und eine in Falten gelegte Stirn werden aber von den Mitmenschen als deutliche Signale wahrgenommen.
Ihre verbalisierten Inhalte können noch so gut und wichtig sein – falls Ihre Körpersprache einen anderen Eindruck erweckt, wirken Sie weniger oder sogar überhaupt nicht überzeugend.
Wenn Sie argumentieren, nehmen Sie auch Ihre Hände zu Hilfe. Eine aktive Gestik mit sichtbaren Handflächen zeigt, dass Sie »mit offenen Karten spielen«, also nichts zu verbergen haben. Hüten Sie sich jedoch davor, ins Extrem zu verfallen und die Hände ständig in Bewegung zu halten.
Engagement und Aufmerksamkeit demonstrieren Sie, indem Sie sich hin und wieder vorbeugen. Wie gesagt, hin und wieder, und bitte nicht in einer Haltung erstarren. Versuchen Sie auch, sogenannte Übersprungshandlungen zu vermeiden. Gemeint sind jene lieb gewordenen Angewohnheiten, die wir gerade in komplizierten Situationen immer wieder an den Tag legen: mit einer Haarsträhne spielen, am Ring drehen oder das Ohrläppchen zupfen. All das verrät nur, wie nervös Sie sind, und steht in Widerspruch zu dem verbal zum Ausdruck gebrachten Selbstvertrauen.
Viele Vorgesetzte und Personalchefs achten sehr genau darauf, wie Sie sich präsentieren. Lascher oder fester Händedruck, verstohlenes

»Nach-unten-Schauen«, ein offener, freundlicher Blick, hängende Schultern oder eine gerade Haltung werden eingehend interpretiert. Sehr gerne wenden einige Chefs auch Listen an, aus denen sie schnell ablesen können, welche Bedeutung eine bestimmte Haltung, Geste oder Mimik angeblich hat. Ob die Körpersprache wirklich so einfach zu deuten ist, wie sich das so mancher Hobbypsychologe wünscht, sei dahingestellt. Sie sollten sich jedoch bewusst machen, dass auch Ihre nonverbale Kommunikation genau beobachtet wird.
In den folgenden Tipps finden Sie eine detaillierte Übersicht der einzelnen Körpersignale und wie sie von einem Arbeitgeber gedeutet werden können.

Achten Sie auf Ihr Blickverhalten

So wird Ihr Blickverhalten von einem Arbeitgeber-Gegenüber gedeutet:

Körpersignal	Bedeutung
Augen sehr weit offen	Aufmerksamkeit, Aufnahmebereitschaft, Sympathie, Weltoffenheit signalisierend, Flirtverhalten
Augen leicht zugekniffen	Konzentration, Entschlossenheit, Eigensinn, Kleinlichkeit, überkritische Haltung
Augen stark zugekniffen	Abwehr, Unlust
gerader Blick	Offenheit, Gewissensreinheit, Vertrauen
schräger Blick	abschätzende Zurückhaltung
häufiger Blickkontakt	Sympathie
häufiges Wegsehen	mangelnde Sympathie oder Verlegenheit
auffallend häufiger Lidschlag	Unsicherheit, Befangenheit, eventuell nervöse Störung

48 Das verrät Ihre Gestik

Zeigen Sie sich auch in Ihrer Gestik selbstbewusst. Gestik wird von ihrem Arbeitgeber-Gegenüber folgendermaßen verstanden:

Körpersignal	**Bedeutung**
übertrieben kräftiger Händedruck	Rücksichtslosigkeit, Angeberei
kräftiger Händedruck	Aufrichtigkeit, Sicherheit
schlaffer Händedruck	Unsicherheit, kontaktarm, leicht beeinflussbar
Hand wegziehend	Verschlossenheit
verschränkte Arme	
– bei Männern	Ablehnung, Verschlossenheit
– bei Frauen	Selbstschutz, Angst
Hand vor den Mund halten	
– während des Sprechens	Unsicherheit
– nach dem Sprechen	will das Gesagte zurücknehmen
Sprecher hält Armlehnen mit beiden Händen fest	Aggressivität, aber auch unsicher, neigt zur Weitschweifigkeit
Kopf auf Hände stützen	Nachdenklichkeit, Erschöpfung, Langeweile
Spitzdach mit den Händen formen	Arroganz, Abwehr gegen Einwände
Hände reiben	Selbstgefälligkeit, Selbstzufriedenheit
spielende Hände	Zeichen von Erregung, Nervosität, Befangenheit, Angst, Verwirrung
mit dem Finger auf den Gesprachspartner zeigen	Angriff, Wut
Hand zur Faust ballen	Wut, verhaltener Zorn
Anfassen der Nase	Nachdenklichkeit, kritische Haltung, Verlegenheit

Streichen über den Hinterkopf, Zupfen an den Ohren	Verlegenheit, Unbehagen, Ärger
Streichen über das Kinn	Nachdenklichkeit, Zufriedenheit
Finger zum Mund nehmen	Verlegenheit, Unsicherheit
mit den Fingern trommeln	Nervosität, Ungeduld
häufiges Spielen mit dem Ring	Eheprobleme
häufiges Abnehmen der Brille	Ablehnung, Angriff, Nervosität

49 Das drückt die Mimik aus

Körpersignal	Bedeutung
offenes Lächeln	offene Heiterkeit, uneingeschränkte Mitfreude
gequältes Lächeln	Ironie, Schadenfreude, Blasiertheit, Ängstlichkeit
überwiegend geöffneter Mund	Mangel an Selbstkontrolle
zusammengepresster Mund	Zurückhaltung, Reserviertheit, Verkniffenheit, Kontaktarmut
Mundwinkel nach unten	Bitterkeit, Pessimist, depressiv
Mundwinkel nach oben	Aktivität bis Abwehr
Heben der Augenbrauen	Ungläubigkeit, Arroganz

Körpersignal	Bedeutung
Achselzucken, übereinandergeschlagene Beine	passive Hilflosigkeit
– zum anderen hin	Aufbau eines Sympathiefelds
– vom anderen weg	Ablehnung, Unwillen
Hände um die Knie gefasst	kritisch, skeptisch
dicht aneinandergestellte Füße	
– beim Sitzen	schuldhafte Ängstlichkeit, Einzelgänger, überkorrekte Einstellung
breitbeiniges Sitzen	sorglose Unbekümmertheit, Rücksichtslosigkeit
entspannte Sitzhaltung	Selbstsicherheit, aber auch robuste Unbekümmertheit, seelische Erschöpfung
auf der Stuhlkante sitzend	Mangel an Selbstvertrauen und Sicherheit, auch Misstrauen, innere Unruhe, Angst
Füße um die Stuhlbeine gelegt	Unsicherheit, Suche nach Halt
Füße nach hinten nehmen	Ablehnung
mit den Füßen wippen	Arroganz, Ungeduld, Sicherheit, Aggressivität
steife, militärische Körperhaltung, geziert aufrecht	Unterdrückung von Angst
breitbeinig dastehen, Daumen in den Achselhöhlen	Selbstsicherheit
Oberkörper weit nach vorn gelehnt	Interesse, Sympathie
Oberkörper weit zurückgelehnt	Desinteresse, Ablehnung

51 So wird Ihre Sprechweise interpretiert

Körpersignal	Bedeutung
laute, starke Stimme	Vitalität, Selbstbewusstsein, Kontaktfreude, aber auch Unbeherrschtheit, Geltungsdrang
leise, flüsternde Stimme	Schwäche, mangelndes Selbstbewusstsein, aber auch Sachlichkeit, Bescheidenheit
schnelles Sprechtempo	Impulsivität, Temperament, aber auch ungezügelt, nervös
langsames Sprechtempo	Antriebsschwäche, aber auch Sachlichkeit, Besonnenheit
wechselndes Sprechtempo	innere Unausgeglichenheit
ausgeprägte Pausengestaltung	Disziplin, Selbstbewusstsein
starke Akzentuierung	Lebhaftigkeit, Gefühlsstärke
schwache Akzentuierung	Desinteresse, mangelnde geistige Flexibilität

Vermeiden Sie negative Geruchssignale

Körpersignal	Bedeutung
parfümiert	werbend
stark parfümiert	unsicher, vernebelnd
Schweißgeruch	ängstlich, unordentlich

Anstrengende Gespräche wie eine Gehaltsverhandlung regen die Transpiration an. Peinlich wird es, wenn man dann anfängt zu riechen, sich unwohl fühlt und Angst hat, dass der Gesprächspartner es auch bemerken könnte. Deshalb denken Sie daran, frisch gewaschene, gereinigte oder ausreichend gelüftete Kleidung anzuziehen. Wenn Sie ein Parfüm benutzen, so lautet die Devise: Weniger ist mehr.
Und noch ein abschließender Tipp in Sachen Körpersprache: Selbstbewusstes, offenes Auftreten ist wichtig, das heißt aber natürlich nicht, dass Sie es übertreiben und in eine zu lässige Haltung verfallen sollen. Vielleicht üben Sie das Verhandlungsgespräch auch mit einer Person Ihres Vertrauens und nehmen es eventuell sogar mit einer Videokamera auf.

53 Um was noch verhandelt wird – darf's auch noch etwas anderes sein ...

Viele Firmen begegnen höheren Gehaltsforderungen nicht mit Geld, sondern bieten Ersatzprämien an, sogenannte Fringe Benefits. Diese Zusatzleistungen können unter Umständen genauso lohnend oder sogar noch lukrativer sein als eine Erhöhung Ihres monatlichen Gehalts, da sie häufig steuerfrei sind. Ein Beispiel: Wer bislang 2500 Euro verdient hat, sich in Steuerklasse 1 befindet und eine Gehaltserhöhung von 300 Euro erhält, bekommt tatsächlich nur etwa 120 Euro mehr überwiesen. Der Rest wird von Steuern und Abgaben gefressen.

Überlegen Sie daher gut, ob es nicht vorteilhafter wäre, die private Nutzung des Dienstwagens zum Diskussionsgegenstand zu machen, statt eine Anhebung des Grundgehalts zu fordern. Solche indirekten Vergütungen kann man im Übrigen auch am Ende der Verhandlung vielleicht noch als Sonderzugeständnisse ins Spiel bringen. Wer eine Gehaltserhöhung erreichen will, ist sicher gut beraten, die Möglichkeiten eventueller Zusatzleistungen auszuloten. Erfahrungsgemäß ist hier die Hemmschwelle der Chefs geringer, dem Mitarbeiter entgegenzukommen, als bei einer monatlichen Anhebung des Salärs.

Fringe Benefits, die sich auch auf den privaten Bereich beziehen, waren lange Zeit eher nur für führende Positionen im Management üblich. Doch allmählich weichen die Grenzen etwas auf, und die Möglichkeiten für »normale« Angestellte sind größer als vor einigen Jahren. Denken Sie darüber nach, ob für Sie etwas Passendes dabei ist.

Beispiele für Fringe Benefits

- Umzugskosten
- Mietbeihilfen
- Fahrgeldzuschuss
- besondere Vereinbarungen zum Kündigungsschutz
- Gesundheitscheck
- Weiterbildung
- Kreditkarten
- Sonderurlaubsregelungen
- Jahresabschlussprämie
- Aktien oder Aktienoptionen
- vergünstigter Kauf von im Unternehmen produzierten Waren
- Erholungskuren
- Kindergarten
- Nachhilfe für die Kinder
- verlängerter Erziehungsurlaub
- Klubmitgliedschaften
- finanzielle Unterstützung bei Freizeitaktivitäten oder Hobbys
- Beteiligung an Telefonkosten
- PC/Fax/Internetzugang für zu Hause
- Notebook/Handy zur freien Verfügung

Sich eine Strategie zurechtzulegen mag sehr mühsam sein. Doch spätestens am Ende einer Verhandlung zeigt sich, es hat sich gelohnt, das Gespräch schon vorher gedanklich vom Einstieg über die Argumentation bis hin zu den möglichen Einwänden durchgespielt zu haben. Ihr Gegenüber spürt deutlich, wie ernst es Ihnen ist und dass auch ein kräftiger Gegenwind Sie nicht gleich aus der Bahn wirft.

Gut, wenn Sie sich auch Alternativen zum »Baren« überlegt haben; so können Sie, wenn Ihr Vorgesetzter partout nicht mehr Geld zahlen will, auf andere Vergütungen ausweichen.

54 Aktienoptionen als Fringe Benefits – nur für starke Nerven

Fringe Benefits können auch in Form einer Option auf Unternehmensaktien bestehen. Diese Stock Options sind in jüngster Zeit – in erster Linie für die Manager eines Unternehmens – ins Gespräch gekommen. Was in den USA längst üblich ist, wollen deutsche Führungskräfte auch für sich in Anspruch nehmen: Sie fordern, »dass deutsche Unternehmen ihre Vergütungssysteme in nächster Zeit stärker an amerikanischen Vorbildern orientieren«, so Ulrich Hartmann, heute Aufsichtsratsvorsitzender der E.ON.[3]

Diese Aktienoptionen geben den Managern das Recht, Anteile des eigenen Unternehmens zu kaufen – und zwar zu einem festgelegten Vorzugspreis. Manager halten diese Art der Entlohnung für ein gutes Instrument, ihre Leistung angemessen zu honorieren.[4]

Auch in der Bundesrepublik gibt es bereits Unternehmen, die Stock Options anbieten. Zusammen mit der Deutschen Bank gilt Daimler-Benz als Vorreiter dieser Bewegung und ist – so der ehemalige Aktionärsvertreter Ekkehard Wenger, Professor für Wirtschaft, und sein wissenschaftlicher Mitarbeiter Leonhard Knoll – auch ein Paradebeispiel für die Defizite dieses Programms.[5]

Stock Options gelten in den USA als das Nonplusultra der Top-Manager-Vergütung. Hinter diesem Modell steht die Annahme: »Wenn die Spitzenkräfte persönlich von steigenden Aktienkursen profitieren, dann unternehmen sie alles, um den Firmenwert zu steigern.«[6] Die Führungselite in amerikanischen Unternehmen wird regelrecht mit Aktienoptionen überschüttet. Einige wurde dadurch zu Milliardären.

Ekkehard Wenger hält Stock Options jedoch für eine Mogelpackung. Dieses Instrument sei oft nichts anderes als eine Einladung zur Selbstbedienung. Wenger wirft den Top-Managern vor, dass sie zwar Gewinne wie Unternehmer einstreichen wollen, andererseits aber nicht bereit sind, sich auch am Verlustrisiko zu beteiligen.[7]

Stefan Winter, wissenschaftlicher Mitarbeiter am Institut für Management an der wirtschaftswissenschaftlichen Fakultät der Humboldt Universität Berlin, hat eine ähnlich kritische Haltung: »Stock Options

bzw. Aktienoptionspläne, so die weit verbreitete Meinung, veranlassen das Management, Unternehmen im Sinne der Unternehmer zu führen … Ein Blick in die wissenschaftlichen Arbeiten zum Thema Aktienoptionspläne hingegen lässt jedoch zu Recht eine gewisse Skepsis aufkommen. Zunächst fehlt der Beweis, dass Unternehmen durch die Einführung von Stock Options für die Führungselite tatsächlich erfolgreich werden. Zwar gibt es Beispiele für erfolgreiche Unternehmen mit, aber auch für erfolgreiche Unternehmen ohne Stock Options. Zweifel an der Motivationswirkung dieser exklusiven Zugewinnmöglichkeit hierzulande für die Top-Etage kommen auch dann auf, wenn man die geschichtliche Entwicklung der Aktienoptionspläne in den USA betrachtet. Dort erfreuten sie sich plötzlich besonderer Beliebtheit nach der Einführung von Steuervergünstigungen in den 50er-Jahren, die bis heute noch gelten und von daher den amerikanischen Erfolg erklären. Aber auch vor dem Hintergrund von verhaltenswissenschaftlichen Forschungen muss die Brauchbarkeit von Aktienoptionsplänen zur Motivation von Managern angezweifelt werden. Es ist seit langem bekannt, dass Aktienkurse sehr stark von gesamtwirtschaftlichen Faktoren beeinflusst werden. In Boomphasen können selbst die Aktienkurse schlecht geführter Unternehmen steigen, während im Abschwung auch die Kurse der bestgeführten Unternehmen fallen. In einem Fall wird schlechtes Management belohnt, im anderen gutes bestraft. Der zur Motivation notwendige Zusammenhang zwischen Leistung und Belohnung ist damit nicht gegeben.
Schließlich verbleiben weitere Einwände, die gegen eine Einführung von Optionsplänen sprechen. Ein wesentlicher Nachteil sind die derzeitigen Regelungen zur Offenlegung aller Konsequenzen der Optionspläne. Es besteht die Gefahr, dass mittels Aktienoptionsplänen exorbitante Vergütungen durch die Hintertür eingeführt werden. Eine Auseinandersetzung darüber ist nicht möglich, da das realisierte Einkommen der Manager in Deutschland für die Allgemeinheit bisher fast nicht ersichtlich ist.
Damit soll nichts gegen die grundsätzliche Idee marktwertorientierter Vergütungsformen gesagt sein. Allerdings ist die einfache Grundkonstruktion von Optionsplänen ungeeignet. Als Minimalforderung er-

gibt sich, dass die Aktienoptionspläne indexgebunden auszugestalten sind. Bei solchen Plänen verdient das Management immer nur dann, wenn die Marktwertentwicklung des Unternehmens besser ist als diejenige eines Vergleichsindex. Dabei ist es gleichgültig, ob der Index steigt oder fällt: Man muss nur besser sein. Wichtig und notwendig sind jedoch eindeutige Vorschriften zur Offenlegung der Optionspläne. Dazu gehört auch, dass die genaue Anzahl und die Konditionen von gewährten Optionsrechten veröffentlicht werden. Ferner sind Regelungen über die Behandlung von Dividendenzahlungen notwendig, denn bleiben diese bei der Festlegung des Bezugskurses unberücksichtigt, entsteht für das Management ein erheblicher Anreiz, Dividenden zu kürzen, um so durch das einbehaltene Geld den Marktwert des Unternehmens zu steigern. Unabhängig davon ist auch zu überlegen, ob die beabsichtigte Ausübung von Optionen vorher von den Führungskräften angezeigt werden muss, da ja ansonsten auch immer eine Gefahr des Missbrauchs von Insiderinformationen bestehen könnte.«[8]

Die Begeisterung über Fringe Benefits in Form von Aktienoptionen hat nach der Dotcomkrise deutlich nachgelassen. Viele Angestellte, die sich hiervon eine Verbesserung ihres Einkommen versprachen, mussten zusehen, wie ihre Investitionen gewissermaßen den Bach hinuntergingen. Bedenken Sie daher, sich diese Form der Gehaltserhöhung gut zu überlegen, da ein Gewinn nicht garantiert ist. Aktienoptionen sind in der Regel nur etwas für starke Nerven.

Die Gehaltsverhandlung im Vorstellungsgespräch

55 Wie Sie die Gehaltsverhandlung für Ihr Vorstellungsgespräch vorbereiten

Viele Bewerber denken nicht daran, dass es im Vorstellungsgespräch auch gilt, das zukünftige Gehalt zu verhandeln. Sicher steht zunächst im Vordergrund, sich gut zu verkaufen, um den Arbeitsplatz überhaupt angeboten zu bekommen. Dessen ungeachtet erwartet der Arbeitgeber durchaus, dass der potenzielle neue Mitarbeiter auch über das Gehalt verhandelt – vielleicht nicht gerade im ersten, aber mit Sicherheit in den nachfolgenden Gesprächen.

Vor dem Hintergrund von Millionen von Arbeitslosen und dem von Unternehmerseite immer wieder betonten Zwang zum Sparen mag es schwerfallen, einem gut gelaufenen Bewerbungsgespräch auch noch eine geschickte Gehaltsverhandlung anzuschließen. Muss man nicht froh, ja geradezu dankbar sein, in Zeiten wie diesen überhaupt einen halbwegs akzeptablen Job ergattert zu haben? Macht man sich mit (vielleicht zu hohen) Gehaltsforderungen unter Umständen nicht selbst den Arbeitsplatz zunichte? Gibt es überhaupt einen Verhandlungsspielraum für das Gehalt, oder steht nicht bereits von vornherein unabänderlich fest, was das Unternehmen zu zahlen bereit ist?
Diese Vorbehalte sind ebenso verständlich wie überflüssig. Wenn Sie sich um einen Arbeitsplatz bewerben und mit Ihrem künftigen Chef die Konditionen dafür aushandeln, geht es ausschließlich um diesen einen Arbeitsvertrag. Die schlechte Arbeitsmarktlage ist in diesem Fall nur eine psychologische Größe, die bestenfalls dem Arbeitgeber nützt, den Verdienst seines Angestellten zu drücken. Aber seien Sie versichert, wenn er es sich nicht leisten könnte, Sie angemessen zu bezahlen, würde er die Stelle sicher nicht besetzen.
Die Erfahrung zeigt, dass Arbeitgeber nicht nur damit rechnen, dass der neue Mitarbeiter mit ihnen über das Gehalt verhandelt, sondern sie dies oft genug sogar ausdrücklich erwarten. Und nicht wenige Jobsuchende bringen sich um eine Anstellung, weil sie es versäumen, ihre finanziellen Interessen zum richtigen Zeitpunkt optimal darzustellen.

Sehen Sie sich als Verkäufer, der seine Arbeitskraft einem Käufer anbietet

Die Beziehung zwischen Arbeitgeber und Arbeitnehmer lässt sich am treffendsten mit der zwischen Käufer und Verkäufer vergleichen. Kommt es zum Geschäftsabschluss, verpflichtet sich der (Ein-)Käufer, also der Arbeitgeber, zur Zahlung eines bestimmten Preises an den Verkäufer, also an Sie, den Arbeitnehmer. Dafür garantieren Sie die Erfüllung einer bestimmten Aufgabe. Das aber bedeutet, dass nicht nur Ihre Qualifikationen und Fähigkeiten bei dieser Verhandlung von Interesse sind, sondern ebenso der Gegenwert, der Verkaufspreis, den Sie dafür aushandeln.

Momentan konkurrieren sehr viele Verkäufer auf diesem Markt miteinander, doch wenn Sie Ihr »Produkt«, also Ihre Arbeitsleistung, geschickt anbieten, können Sie auch einen guten Geschäftsabschluss erwarten. Durch einen »Preisnachlass« schnell handelseinig werden zu wollen kann dagegen sogar fatal sein.

57 Ein Wechsel des Arbeitsplatzes sollte sich für Sie lohnen

Es liegt auf der Hand, dass ein Arbeitnehmer, der seinen Arbeitsplatz wechseln möchte, damit die Hoffnung verbindet, auch sein Einkommen zu verbessern. Insbesondere bei einer stärker ausgeprägten Karriereorientierung ist eine Veränderung, die sich positiv auf Ihre Bezüge auswirkt, nur konsequent. Eine Verbesserung von etwa 10 bis 15 Prozent ist dabei der Regelfall.

Sollte sich Ihr Gehalt bei einem Arbeitsplatzwechsel jedoch um weniger als 10 Prozent verbessern oder gar verschlechtern, erzeugen Sie als Kandidat Misstrauen. Mögliche Überlegungen Ihres potenziellen Arbeitgebers könnten sein: Was motiviert den Bewerber wirklich, welche Probleme hat er am jetzigen Arbeitsplatz, dass er für nur 5 Prozent mehr Gehalt bereit ist zu wechseln?

Wer dagegen gleich zwei oder mehr Stufen auf einmal nehmen will und einen Wechsel anstrebt, der mehr als 25 Prozent Steigerung einbringen soll, provoziert Fragen seines neuen Arbeitgebers, ob er das Geld auch wirklich wert ist oder ob nicht etwas weniger auch ausreichend wäre. Begründet wird diese Argumentation meist mit Hinweisen auf das Alter, die Erfahrung oder die Einarbeitungszeit. Auf jeden Fall lassen sich immer leicht Gründe finden, warum gerade Sie nicht der richtige, der ideale Kandidat für diese Position sind.

Oftmals finden derartige Überlegungen bereits beim Bewerber selbst statt, der mit 35 000 Euro Jahresgehalt vor Anzeigen zurückschreckt, die ihm 45 000 Euro anbieten. Und dies, obwohl der beschriebene Arbeitsplatz durchaus seiner Qualifikation entspricht. Hier verhindert die »Schere im Kopf« bereits bei vielen Bewerbern eine deutliche Gehaltsweiterentwicklung.

Ohne vorherige Marktanalyse geht es nicht 58

Zur Vorbereitung auf ein Bewerbungsverfahren gehört unbedingt eine Marktanalyse unter dem Aspekt »Was wird gezahlt – was ist meine Arbeitsleistung wert?« Informationen dazu erhalten Sie bei Berufs- und Interessenverbänden, Gewerkschaften und in Wirtschaftszeitungen bzw. -zeitschriften (z.B. *manager magazin, Capital, Wirtschaftswoche, Handelsblatt,* die regelmäßig Übersichten veröffentlichen, was in den verschiedenen Branchen und Positionen verdient wird). Nun liegt es bei Ihnen, die eigenen Fähigkeiten, Ihren Erfahrungsschatz zu »taxieren« und ein Preismarketing für »Ihre« Ware Arbeitskraft vorzunehmen.
Ob Sie nach der Maxime handeln »Qualität ist kein Zufall und hat ihren Preis« (»Es war schon immer etwas teurer, einen besonderen Geschmack zu haben ... «) oder »Bescheidenheit ist eine Zier« –, bestimmen zunächst einmal Sie selbst. Erfahrungen zeigen: Wer sich als Bewerber eindeutig unter Wert anbietet, wird nicht geschätzt. Wer sich überschätzt, hat es sicher auch nicht leicht, aber es ist oftmals einfacher, einen Kredit über 10 Millionen Euro zu bekommen als einen über 100 000 Euro.

59 So schaffen Sie den gelungenen Einstieg als Bewerber

Zunächst ist wichtig, dass Sie sich Ihre Ausgangssituation verdeutlichen: Sie haben sich um eine Stelle beworben, und man hat Interesse an Ihnen gezeigt. Schon aus diesem Grund kommen Sie nicht als Bittsteller daher, sondern als eine der wenigen »auserwählten« Personen, die der Firma aus einer (Personal-)Verlegenheit (und bei einem Problem) helfen kann. Werden Sie sich über das Aufgabenfeld einig, muss »nur« noch der Preis festgelegt werden. Und diesen Preis können Sie viel häufiger zu Ihren Gunsten beeinflussen, als Sie annehmen.

Zunächst ist es auch in dieser Situation wichtig, nicht zu früh auf das Thema Geld zu sprechen zu kommen. Wie in der Gehaltsverhandlung bei Angestellten gilt auch im Vorstellungsgespräch des Bewerbers die Regel: Fangen Sie niemals von sich aus an, über Geld zu reden. Das ist Aufgabe der anderen Seite. Möglicherweise wird das Gehalt ja auch erst im zweiten Auswahlgespräch verhandelt. Und sollte Sie jetzt die Befürchtung plagen, dass die Arbeitgeberseite das Thema überhaupt nicht anspricht, seien Sie versichert – sie wird es tun. Andernfalls bringen Sie die Gehaltsfrage ins Gespräch und erkundigen Sie sich, bevor Sie Ihre Zusage geben, wie der Job honoriert wird.

Sicherlich ist es nicht ganz leicht für Sie, den Wert Ihrer Arbeitskraft realistisch einzuschätzen, wenn Sie z.B. als Bewerberin nach einer längeren Familienpause wieder in den Beruf einsteigen.

Wenn Sie Ihre Stelle wechseln möchten, haben Sie es einfacher: Ungefähr 10 bis maximal 20 Prozent mehr, als Ihr derzeitiges Gehalt beträgt, dürfen Sie von Ihrem neuen Arbeitgeber verlangen. Begehen Sie aber dabei nicht den Fehler, bei der konkreten Nachfrage nach Ihrem aktuellen Gehalt allzu sehr zu mogeln – Personalchefs wissen in der Regel, was anderswo gezahlt wird (und sehen, wenn Sie zur Jahresmitte wechseln, auch Ihre Lohnsteuerkarte!).

Wenn Sie Wiedereinsteiger sind, sollten Sie sich über die aktuellen Tarifgehälter und Sonderleistungen informieren (siehe Tipp 11).

Das sollten Sie als Bewerberin unbedingt bedenken

Gerade Frauen fällt es oft schwer, über den Wert ihrer Arbeitskraft und ihren Gehaltswunsch zu sprechen. Stärken Sie Ihr Selbstbewusstsein, und machen Sie sich vor der Verhandlung noch einmal klar, dass Sie nichts zu verschenken haben. Sie tun sich keinen Gefallen, wenn Sie zu große finanzielle Zugeständnisse machen.

Viele Frauen glauben, dass ihre Arbeitskraft weniger wert ist als die von Männern. Der Grund: Sie bringen vermeintlich weniger Energie in das Unternehmen ein, da sie eine Menge Kraft für die Familie aufwenden müssen. Befreien Sie sich von dieser Vorstellung! Erstens ist Ihre Familienarbeit von unschätzbarem Wert für die Gesellschaft, und zweitens gibt es keinen Beweis dafür, dass Mütter in ihrem Beruf weniger leistungsfähig sind als Frauen ohne familiäre Verpflichtungen. Ganz im Gegenteil: Immer wieder zeigt sich, dass gerade Frauen mit Kindern ein gutes Organisationstalent besitzen, was ihnen ermöglicht, ganz unterschiedlichen Anforderungen bestens gerecht zu werden. Und drittens: Bei etwas mehr Gehalt können Sie sich zu Hause bei Bedarf auch professionelle, bezahlte Unterstützung leisten.

61 So reagieren Sie im Vorstellungsgespräch auf die Frage »Was haben Sie bisher verdient?«

Beispiel

»Wie hoch ist denn Ihr jetziges Einkommen?«, fragt die Personalchefin den Bewerber nach etwa 45 Minuten im Vorstellungsgespräch. Dieser hatte sich auf das Stellenangebot eines Hochbaukonzerns beworben. Gesucht wurde ein Bauingenieur mit spezieller Erfahrung im Brückenbau. Im Anzeigentext waren als Jahresanfangsgehalt 45 000 Euro angeboten. Nicht ohne Grund befürchtet der Bewerber, dass bei Nennung seines jetzigen Gehalts – knapp 30 000 Euro, ein Drittel weniger als das Angebot des potenziellen Arbeitgebers – Zweifel an seiner Eignung für die neue gehobene Position auftauchen würden.
Die 30 000 Euro Jahresgehalt waren für den Bewerber auch ein wichtiger Grund, sich nach einer neuen, besser bezahlten Position umzuschauen. Damals, vor dreieinhalb Jahren, als Berufsanfänger ein Jahr nach dem Hochschulabschluss, schien ihm die Bezahlung nicht so wichtig. Insbesondere das Aufgabengebiet bei der ersten Firma fand er zu dieser Zeit attraktiv und den Einstieg wert.
Aus unterschiedlichen Gründen erschien ihm der jetzige Zeitpunkt günstig, sich nach einer neuen Position in einem anderen Unternehmen umzusehen. Dem Bewerber war klar, dass er sich mit der Frage auseinanderzusetzen hatte, wieso er bisher für lediglich 30 000 Euro Jahresgehalt gearbeitet habe. Er befürchtete zu Recht, dass die Konsequenz daraus bedeuten könnte, bei einem Wechsel mit etwa 34 000 Euro »eingekauft« zu werden. 45 000 Euro lagen also sehr deutlich über der Summe, die ein neuer Arbeitgeber als Konsequenz zum vorherigen Gehalt zu zahlen bereit ist.

Was Sie für diesen Fall wissen sollten: Die Frage nach der früheren Arbeitsvergütung ist aus juristischer Sicht eigentlich unzulässig, weil diese Information eventuell dem Arbeitgeber dabei hilft, die Lohnansprüche des Bewerbers zu dämpfen. »Verrate mir dein Jahreseinkommen, und ich sage dir, was du wert bist.« Nicht selten versucht der potenzielle neue Chef, durch direktes Erfragen die aktuellen Jahresbezüge des Bewerbers in Erfahrung zu bringen. Grund dafür ist die Überlegung, dass er einem Kandidaten mit bisher 30 000 Euro Jahreseinkommen nicht unbedingt gleich einen so großen Gehaltssprung anbieten muss, wenn dieser vielleicht auch mit weniger Geld zufrieden ist.

Dieser Kandidat – so der Gedankengang – wäre wahrscheinlich auch mit einer Steigerung auf 34 000 bis 38 000 Euro einverstanden und damit für den Arbeitgeber »preisgünstiger« als ein anderer Bewerber. Aus diesem Grund findet sich – wie schon erläutert – bei Stellenangeboten häufig der Hinweis, man möge sich in seinem Bewerbungsschreiben auch zu seinen »Gehaltsvorstellungen« äußern.

62 So argumentieren Sie, wenn Sie weniger Gehalt als vorher fordern

Aber nicht nur bei einer größeren Differenz zwischen aktuellem und zu erwartendem Gehalt gibt es Probleme. Dies trifft auch in besonderem Maß auf den umgekehrten Fall zu: Wenn also ein Bewerber aktuell 50 000 Euro im Jahr verdient, sich nun aber, aus welchem Grund auch immer, neu orientieren möchte und auf ein Stellenangebot bewirbt, das pro Jahr nur 40 000 Euro in Aussicht stellt, tauchen spezielle Fragestellungen auf.

Der Arbeitgeber wird sich über diesen freiwilligen Gehaltsverzicht wundern und den Bewerber möglicherweise nicht in die engere Wahl ziehen, da er davon ausgeht, dass bei einer Gehaltsverschlechterung die Motivation des Arbeitnehmers unzureichend sein könnte.

Nun mag es für den Arbeitgeber gute Gründe geben, die diese Annahme bestätigen. Eine allgemein gültige (negative) Aussage kann daraus jedoch nicht geschlossen werden. Sind Sie als Arbeitnehmer in der schwierigen Situation, wechseln zu wollen oder gar wechseln zu müssen, und sind Sie sogar bereit, einen gewissen Gehaltsabschlag dafür in Kauf zu nehmen, müssen Sie davon ausgehen, dass man Ihnen mit Misstrauen begegnet. Ein sogenannter Gehaltsabstieg ist unbedingt erklärungsbedürftig, besser jedoch, Sie geben die Information, dass Sie bereits deutlich mehr verdient haben, in diesem Gespräch nicht weiter.

Es gibt also gute Gründe, einem möglichen neuen Arbeitgeber das aktuelle Gehalt nicht sofort und nicht im Detail zu offenbaren. Für den Fall, dass Ihr potenzieller neuer Arbeitgeber dennoch danach fragt, haben Sie zwei Alternativen:

- Sie versuchen, Ihr Gegenüber durch geschickte Manöver abzulenken (siehe dazu Tipp 63).
- Sie verweigern, auf sehr freundliche Art und Weise, die Antwort (siehe dazu Tipp 64).

So reagieren Sie auf die Frage nach Ihrem bisherigen Gehalt

63

Wie Sie ein Ablenkungsmanöver am geschicktesten anstellen, soll Ihnen folgender Gesprächsverlauf demonstrieren:

Beispiel

Personalchef: »Wie hoch ist Ihr Einkommen zurzeit?«
Bewerber: »Ich kann mir gut vorstellen, mit den von Ihnen im Inserat angebotenen 45 000 Euro pro Jahr zunächst auszukommen.«
Personalchef: »Wie darf ich das verstehen, wie meinen Sie das?«
Bewerber: »Wenn ich ›zunächst‹ gesagt habe, dann gehe ich davon aus, dass sich im Laufe der Zeit vielleicht Gehaltserhöhungen ergeben werden.«
Personalchef: »Aber sicher doch, wenn Sie die entsprechende Leistung bringen. Wie sieht denn Ihr aktuelles Monatseinkommen aus?«
Bewerber: »Nun, meine Jahresbezüge bei meinem jetzigen Arbeitgeber unterscheiden sich schon etwas von dem, was Sie in Ihrem Angebot benannt haben. Gibt es bei Ihnen im Hause bereits Vorstellungen, wann Sie bereit wären, über eine Gehaltsverbesserung nachzudenken – also z.B. im Anschluss an die Einarbeitungszeit oder erst nach einem Jahr?«

Es ist nicht unwahrscheinlich, dass es dem Bewerber auf diese Weise gelingt, das Gespräch von der Frage nach seinen aktuellen Bezügen wegzuführen, ohne sich offenbart zu haben oder wirklich lügen zu müssen.
Sie müssen sich nicht in die Karten schauen lassen. Natürlich kann man als Bewerber auf die direkte Frage nach den aktuellen Bezügen nur sehr schlecht die Antwort verweigern, sozusagen den »stummen Fisch« markieren. Andererseits sitzt Ihnen weder ein Steuerfahnder gegen-

über noch Ihr Steuerberater, sodass Sie die Summe sehr wohl etwas großzügiger auf- oder abrunden dürfen. Sie können auch auf weitere Vergünstigungen, Sozialleistungen besonderer Art oder Extras hinweisen oder diese überschlagsartig mit einrechnen, um den Jahreseinkommensbetrag schön rund zu präsentieren.

So ziehen Sie sich bei der Frage nach Ihrem Einkommen geschickt aus der Affäre

64

Natürlich haben Sie immer die Möglichkeit, sich bei der Frage nach Ihrem Einkommen geschickt aus der Affäre zu ziehen: Der Hinweis (ob es nun stimmt oder nicht, spielt dabei keine Rolle), man habe sich (vertraglich) verpflichtet, über sein aktuelles Gehalt Stillschweigen zu bewahren – dafür werde der Personalchef doch sicherlich Verständnis haben –, wirkt Wunder und lässt selbst den unnachgiebigsten Verhandlungspartner relativ schnell verstummen. Wenn Sie dann noch andeuten, dass sich Ihr Jahreseinkommen beispielsweise auf die 40 000 Euro zubewegt – ein sehr dehnbarer Begriff – zeigen Sie bei aller Loyalität für Ihren jetzigen Chef gleichzeitig Kooperationsbereitschaft gegenüber dem potenziellen neuen Arbeitgeber. Auf diese Weise erreichen Sie auch Ihr Ziel.

Sie können natürlich darauf hinweisen, dass Sie sich zu einem solch frühen Zeitpunkt nur ungern schon zu dem Gehaltswunsch äußern möchten. Wichtiger wäre Ihnen, zunächst die Sachfragen, Arbeitsaufgaben und Verantwortungsbereiche zu klären.

65 Entwickeln Sie während des Gesprächs eine klare Gehaltsvorstellung

Wenn die Sache für Sie günstig steht, folgt irgendwann im Gespräch unvermeidlich die Frage nach dem Gehalt. Spätestens zu diesem Zeitpunkt sollten Sie eine klare Vorstellung von dem haben, was Sie verdienen möchten, denn viel Zeit für lange Überlegungen werden Sie höchstwahrscheinlich nicht mehr haben. Vermutlich erklärt Ihnen der Arbeitgeber: »Ich biete Ihnen die Stelle an, das Gehalt ist soundso hoch, nehmen Sie an?« Jetzt noch auf Hinhaltetaktik zu setzen, wäre falsch und könnte Ihnen schaden. Denn die Gedanken über Ihr Einkommen sollten Sie sich vorher schon gemacht haben.

Was ist das für ein Unternehmen, in dem Sie sich beworben haben? Ist es ein kleiner, aber möglicherweise sehr flexibler Betrieb in einer Wachstumsbranche (Computerfirma, Werbeagentur)? Ist man an Ihrer Person interessiert, oder sucht man eine Arbeitskraft, die eine genau definierte Position ausfüllen soll? Im ersten Fall können Sie mit einer größeren Bandbreite an Zugeständnissen rechnen. Sind die Möglichkeiten, über eine bestimmte Summe zu verhandeln, weniger groß (zum Beispiel im öffentlichen Dienst), können Sie bei entsprechendem Interesse an Ihrer Person eventuell eine großzügigere Anrechnung von Dienstjahren erreichen und so gleich in eine höhere Gehaltsstufe gelangen.

Vor allen Dingen sollten Sie aber spätestens jetzt genau wissen, was Sie wollen. Warum möchten Sie diesen Job unbedingt haben? Etwa weil er viel interessanter ist als alle anderen Angebote? Weil Sie sich hier die besten Aufstiegschancen ausrechnen? Oder schlicht und einfach, weil Sie schon lange arbeitslos sind? Dann kann es ratsam sein, nicht allzu hoch zu pokern. Denn mal ehrlich: Wenn es um den Traumjob geht, sind ein paar Euro mehr oder weniger nicht so wichtig. Das sollten Sie aber unbedingt für sich behalten. Sobald der Arbeitgeber merkt, dass Sie sehr stark an dem neuen Arbeitsplatz interessiert sind, könnte sein Entgegenkommen sinken (siehe auch Tipp 70).

Gehen Sie ruhig und selbstbewusst in die Gehaltsverhandlung

66

Die Erfahrung hat gezeigt: Wer sich als Bewerber eindeutig unter Wert anbietet, schmälert seine Leistungen. Eine zu niedrige Summe zeigt, dass Sie Ihren Marktwert nicht kennen und sich nicht ausreichend informiert haben. Sie schaden sich damit nur selbst. Sollten Sie beispielsweise im Verkauf tätig sein, könnte Ihnen eine zu nachgiebige Haltung sogar eine Absage einbringen. Niemand wird Ihnen zutrauen, für die Firma gute Konditionen erzielen zu können, wenn Ihnen dies nicht einmal in eigener Sache gelingt. Setzen Sie das Wunschgehalt zu niedrig an, wird der Arbeitgeber möglicherweise den Rückschluss ziehen: Der braucht um jeden Preis einen Arbeitsplatz. Wahrscheinlich nimmt ihn sonst auch niemand.

Um selbstbewusster an die Gehaltsverhandlung heranzugehen, sollten Sie das Ganze einmal aus einer anderen Perspektive betrachten. Schließlich ist es in aller Regel die Firma, die mit ihrer Stellenanzeige auf ihr Problem aufmerksam macht. Und Sie haben sich gemeldet, weil Sie bei der Lösung behilflich sein können. Über das Gehalt zu verhandeln ist demnach ebenso üblich wie das Gespräch über die Anforderungen des zu besetzenden Arbeitsplatzes. Manch ein Chef erwartet diese Verhandlungskompetenz sogar, und zu große Passivität Ihrerseits kann zu Ihrem Nachteil werden. Andererseits sollten Sie natürlich auch vermeiden, zu sehr »in die Vollen« zu gehen.

Manchmal ist es in der Tat einfacher, von der Bank einen Kredit über 10 Millionen Euro zu bekommen als einen über 100 000 Euro. Fazit: Nennen Sie lieber einen zu hohen Preis als einen zu niedrigen. Herunterhandeln lassen können Sie sich immer noch. Einen selbst genannten Betrag dagegen nach oben hin zu verändern ist so gut wie unmöglich. Außerdem ist bei einer zu niedrigen Forderung noch etwas anderes zu bedenken: Wenn Ihr Gegenüber geschickt ist, wird er an der zu geringen Gehaltsforderung auch Ihr mangelndes Selbstvertrauen ablesen und dann vielleicht versuchen, das Gehalt noch mehr zu drücken. Denn er weiß, Sie haben keinen blassen Schimmer, was man eigentlich verlangen kann, oder Sie trauen sich nicht, Ihr Recht einzufordern.

67 Seien Sie skeptisch, wenn Ihre Forderung sofort akzeptiert wird

Übrigens sollte es Sie skeptisch machen, wenn Ihr Gesprächspartner, ohne mit der Wimper zu zucken, direkt auf Ihren Gehaltswunsch eingeht. »Schön, wann können Sie anfangen?« ist das untrügliche Zeichen, dass etwas nicht stimmt, Sie möglicherweise zu niedrig gepokert haben. Ihr Gegenüber wird sich freuen, eine gute Fachkraft so billig eingekauft zu haben. Ihre einzige Rettung ist dann, über die Steigerungsrate nach Ihrer Probe- oder Einarbeitungszeit im nächsten Jahr zu sprechen oder über andere Extras zu verhandeln (siehe dazu Tipp 53).

So reagieren Sie geschickt auf schwierige Fragen und andere »Fallen« 68

»Verhandeln Sie noch mit anderen Firmen?« Auch das werden Sie möglicherweise im Vorstellungsgespräch vom Personalchef gefragt, um herauszufinden, wie schnell eine Entscheidung fallen muss – und natürlich, um so einen Rückschluss auf Ihren Marktwert als Bewerber zu erhalten. Am besten antworten Sie darauf recht vage. Auf keinen Fall sollten Sie konkrete Unternehmen nennen, mit denen Sie in Verhandlung stehen. Hier etwas zu erfinden ist allerdings auch der falsche Weg. Am geschicktesten ist es, mit dem Hinweis auf Diskretion und Verständnis lästige Nachfrager in die Schranken zu weisen.

Um in diesem Fall geschickt zu argumentieren, empfiehlt es sich, folgendermaßen zu antworten: »Ich habe noch ein weiteres Gespräch bei einer sehr kleinen Firma mit einer etwas anderen Branchenausrichtung als der Ihres Unternehmens ...« Dies betont auch, dass man es vorziehen würde, lieber hier bei dieser Firma seinen neuen Arbeitsplatz anzutreten.

Egal welche (Fang-)Fragen, Taktiken oder Vorgehensweisen Ihr Gesprächspartner in der Verhandlung wählt: Lassen Sie sich niemals zu impulsiven Äußerungen verleiten, egal ob positiv oder negativ. Mit negativen Statements (»Eine Versetzung in eine andere Stadt kommt für mich überhaupt nicht infrage«) katapultieren Sie sich leicht aus dem Bewerbungsverfahren, und das womöglich zu einem Zeitpunkt, an dem noch nicht alle Möglichkeiten ausgelotet sind.

69 Verhandeln Sie so, dass es zwei Sieger gibt

Haben Sie als Bewerber mehrere Eisen im Feuer, und sind Sie sich nicht sicher, ob Sie gerade in dieser Firma wirklich anfangen wollen, können Sie ohne Weiteres probieren, noch ein paar Zugeständnisse herauszuhandeln. Das kann für Gehaltsverhandlungen an anderer Stelle schließlich nur von Vorteil sein. Unklug wäre es allerdings auch hier, einfach eine Forderung zu stellen und mit einem Schulterzucken die Arena zu verlassen, wenn Sie sich nicht hundertprozentig durchsetzen. Den Chef so richtig in die Knie zwingen zu wollen ist ein albernes Ziel. Bei optimalen Verhandlungen gibt es nämlich immer zwei Sieger: Wenn beide Seiten den Eindruck gewinnen, das Beste für sich erreicht zu haben, ist dies ein guter Start in Ihr neues Arbeitsverhältnis.

So kann Ihr neues Gehalt aussehen

70

Das neue Gehalt wird wie bei jeder Preisverhandlung irgendwo in der Mitte zwischen dem Angebot des Arbeitgebers und den Vorstellungen des neuen Mitarbeiters liegen. Sie sollten also vorher schon in Gedanken einen finanziellen Rahmen abstecken und sich überlegen, was Ihr (realistisches) Traumgehalt wäre und wo die unterste Grenze dessen liegt, was Sie noch akzeptieren können und wollen (siehe auch Tipps 11 und 65).

Spätestens jetzt geht es also um Zahlen. Gut möglich, dass man Ihnen zuerst eine Summe nennt, ebenfalls denkbar, man bittet Sie, zuerst einen Vorschlag zu machen. Das wäre, wie bereits ausgeführt, die ungünstigere Ausgangslage. Dies muss Sie deshalb aber nicht entscheidend schwächen. Wichtig ist, eine Spanne zu benennen und in dieser Situation immer Ihr Jahresbruttoeinkommen zu verhandeln (»Ich denke an 45 000 bis 50 000 Euro Jahresbruttogehalt«).

Sie sollten jedoch auf jeden Fall damit rechnen, dass Ihre Forderung als zu hoch angesehen wird. Reagieren Sie auf eine negative Reaktion trotzdem nicht gereizt, enttäuscht oder gar verschreckt. Fragen Sie freundlich zurück: »Um wie viel weniger hatten Sie sich mein Gehalt vorgestellt?« Bleiben Sie weiterhin interessiert, und machen Sie sich klar, dass es um die gemeinsame Lösung einer Frage geht und nicht darum, die Konditionen einer Lösegeldübergabe auszuhandeln.

Ist man sich über die Summe einig, können Sie noch versuchen, weitere Details zu regeln, etwa einen eventuellen Aufschlag nach Ende der Probezeit und/oder eine verkürzte Probezeit, Weiterbildungsmöglichkeiten, Zuschüsse oder Ähnliches. Allerdings sollte das Ganze nicht wie ein Weihnachtswunschzettel klingen. Gehen Sie mit Fingerspitzengefühl an die Sache heran, und stecken Sie lieber etwas zurück, wenn Sie den Eindruck haben, Sie laufen jetzt Gefahr, den Bogen zu überspannen.

71 So reagieren Sie auf die Frage: »Was bedeutet Geld für Sie?«

Sehr beliebt vor allem unter Personalchefs ist die philosophisch anmutende Frage, die meist gegen Ende des Vorstellungsgesprächs, aber noch vor der Gehaltsfrage gestellt wird: »Was bedeutet Geld für Sie?« Geradezu instinktiv betonen die meisten Bewerber dann, dass ihnen Geld gar nicht so wichtig ist, dass es ihnen eher um das eigene Fortkommen geht. Falsch! Diese Antwort glaubt Ihnen niemand, dennoch wird Ihr Gegenüber daraus gerne ein niedrigeres Gehalt für Sie ableiten. Besser wäre es, etwa so zu antworten: »Geld ist schon sehr wichtig für mich, insbesondere als angemessene Honorierung meiner Leistungen. Ich finde, das sollte man ehrlich zugeben können. Schließlich kann eine Firma ohne ordentlichen Gewinn auch nicht existieren.«

Nach der Uni an den Arbeitsplatz – so können sich Berufseinsteiger orientieren

72

Mit der Einladung zu einem Vorstellungsgespräch haben Sie einen wichtigen Teil Ihres Bewerbungsvorhabens erfolgreich absolviert. Sehr wahrscheinlich wird es in diesem Gespräch auch um die Gehaltsfrage gehen.

Die Gehaltsverhandlung ist für Sie als Berufseinsteiger noch etwas schwieriger als für den routinierten Arbeitnehmer mit einigen Jahren Berufserfahrung. Nichtsdestotrotz gelten auch für Sie als »Neuling« die Tipps, die wir schon vorher gegeben haben.

Die wichtigsten Regeln

› Bereiten Sie sich eingehend vor und recherchieren Sie Ihren Marktwert.

› Versuchen Sie herauszufinden, was üblicherweise für die Position, die Sie anstreben, gezahlt wird.

› Überlegen Sie sich genau, welche Leistungen Sie hervorheben und welche Studienergebnisse, Praktikumserfahrungen, Weiterbildungskurse oder Mitgliedschaften, beispielsweise in einem Berufsverband, Sie besonders betonen sollten.

Auf jeden Fall gilt auch hier: Nicht zu früh und nicht von sich aus auf das Thema Gehalt zu sprechen kommen. Werden Sie gefragt, was Sie verdienen möchten, geben Sie den Ball zurück. Bitten Sie Ihren Gesprächspartner, Ihnen ein Angebot zu machen. Wird Ihnen eine Gehaltsspanne genannt, ordnen Sie sich am oberen Spektrum ein. Will Ihr Gegenüber nicht darauf eingehen, versuchen Sie auf anderen Wegen, mehr für sich »rauszuholen«. So könnten Sie darum bitten, nach der Probezeit neu zu verhandeln und/oder die Probezeit zu verkürzen.

Lenken Sie niemals zu früh ein, demonstrieren Sie Selbstvertrauen, und bleiben Sie beim Thema. Das wird honoriert werden – schließlich möchte man eher auf Mitarbeiter setzen, die sich selbst etwas zutrauen und auch bei einem schwierigen Thema am Ball bleiben.

Natürlich versteht es sich von selbst, dass dem Hochschulabsolventen nicht gleich die große Karriere und das damit verbundene »dicke Geld« angeboten werden. Die Einstiegsgehälter für Jungakademiker bewegen sich im Augenblick etwa zwischen 15 000 und 40 000 Euro im Jahr. In einigen Fällen würde der junge Hochschulabsolvent vielleicht schon für die Hälfte arbeiten, weil es seinem beruflichen Fortkommen dient. Wehe, wer in einem solchen Fall mit seinen Gehaltsvorstellungen danebenliegt und sich deutlich »unter Preis« anbietet.

Bei etwa 50 Prozent aller Einstiegsverträge liegt die vereinbarte Summe jedoch immer noch zwischen 25 000 und 35 000 Euro. In der Industrie wird deutlich schlechter gezahlt, der Bankenbereich ist stabil, und die Versicherungsbranche verhält sich eher sparsam. Der Handel gilt als geizig, und Dienstleister zahlen sehr unterschiedlich, von unter 20 000 bis knapp über 40 000 Euro.

Es bleibt festzuhalten, dass nur wer sich eingehend informiert und die Marktlage kennt in der Lage ist, realistisch einzuschätzen, wie viel Geld er als Bewerber um einen Arbeitsplatz fordern kann. Neben der ausführlichen Recherche ist beim Arbeitsplatzwechsel oder beim Berufseinstieg wichtig, dass Sie sich nicht unter Preis verkaufen. Wer vorher bereits gearbeitet hat, sollte sehr viel Vorsicht bei der Beantwortung der Frage nach dem vorherigen Gehalt walten lassen oder die Antwort sogar umgehen. Denn die Höhe des vorherigen Verdienstes hat häufig Einfluss darauf, wie viel ein neuer Arbeitgeber zu zahlen bereit ist.

Geld, Glück und Gerechtigkeit

73 Ihre Einstellung zum Geld sagt einiges über Ihren Charakter aus

Großmutters Spruch »Umgang mit Geld ist Charaktersache« mag banal klingen, enthält jedoch mehr Wahrheit, als einem vielleicht lieb ist. Mit anderen Worten: Unsere Persönlichkeit formt aus unbewussten Tiefen auch unsere Einstellung zum Geld, und beides zusammen bedingt den Umgang mit selbigem und bestimmt somit ganz wesentlich, wie wir mit unserem Einkommen auskommen und wie wir uns in Gehaltsverhandlungen verhalten.

Umgekehrt gilt dann übrigens auch: Zeige mir, wie du mit Geld umgehst, und ich sage dir, welche Charakterstruktur du hast. Dass das Geld sogar noch den Charakter sekundär formen kann, wusste unsere Großmutter ebenfalls und hatte auch dafür einen gleichermaßen warnenden Spruch parat: »Geld verdirbt den Charakter.«

In Anlehnung an die psychoanalytische Persönlichkeitstheorie haben wir eine kurze Charakterkunde zusammengestellt, die Ihnen in Ihrer Selbsteinschätzung weiterhelfen kann.

Fünf Geldtypen lassen sich unterscheiden

- Geld für Macht und Luxus – die narzisstische Persönlichkeit
- Geld auf Halde – die zwanghafte Persönlichkeit
- Geld und Unglück – die depressive Persönlichkeit
- Geld und Zuwendung – die hysterische Persönlichkeit
- Geld und Distanz – die schizoide Persönlichkeit

Wie immer bei Typologien treten häufig Mischformen auf. In den folgenden Tipps 73 – 77 wird skizziert, welchen Stellenwert Geld für die betreffende Persönlichkeitsstruktur hat, wie die Einstellung zum Einkommen und zum Ausgeben aussieht und wie sich Charaktereigenschaften auf die persönliche Einstellung zu Gehaltsverhandlungen auswirken können. Machen Sie sich diese schematischen Charakterisierungen zunutze, und versuchen Sie stets, das Beste aus sich und Ihrer vorherrschenden Einstellung zu machen.

Geld für Macht und Luxus – die narzisstische Persönlichkeit

Stellenwert

Für den Narzissten hat Geld einen sehr hohen Stellenwert: Es geht um die Realisierung eines ausgeprägten Macht- und Geltungsstrebens. Besonders wichtig aber sind für ihn teure Statussymbole und Prestigeobjekte, die er sich durch Geld kaufen kann, um ein Gefühl von innerer Leere, Ohnmacht, Selbstunsicherheit und Minderwertigkeit zu vertreiben. Der materielle Wohlstand und das damit angestrebte Ansehen sollen das Gefühl, niemals um seiner selbst willen geliebt worden zu sein, vergessen machen: Geld als Ersatzbefriedigung. Die herrschende Ideologie der Geschäfts- und Geldwelt entspricht der narzisstischen Charakterstruktur: »dynamisch-rücksichtlos-selbstbezogen-erfolgreich«.[9]

Einkommen

Der Narzisst hat es schwer, mit seinem Einkommen auszukommen, egal, wie hoch es sein mag – weil das, was er verdient, niemals ausreichen kann, die innere Leere zu füllen. Gleichzeitig ist aber der hohe Geldbedarf ein permanenter Antrieb, Außerordentliches zu leisten, und so findet man diesen Typus nicht selten in einer Gehaltskategorie von über 100 000 Euro Jahresgehalt.

Ausgeben

Es geht vornehmlich um Imponiergehabe, das Demonstrieren, sich etwas Besonderes leisten zu können (Motto: Es war schon immer etwas teurer, einen besonderen Geschmack zu haben.)

Gehaltsverhandlung

Eigentlich erwartet der Narzisst von seinen Geldgebern, dass diese seinen Wert automatisch erkennen und von sich aus mit der Bitte auf ihn zukommen, doch mehr Gehalt anzunehmen. Da dies selten passiert, fühlt er sich häufig verkannt, oft auch schlicht nur von »Idioten« umgeben.

75 Geld auf Halde – die zwanghafte Persönlichkeit

Stellenwert

Für den Zwanghaften ist Geld etwas extrem Wertvolles, Kostbares, das er besonders liebt. So hasst er nichts mehr, als es leichtfertig aus der Hand zu geben oder gar zu verlieren. Er sammelt, hegt und pflegt seinen Geldbesitz und erfreut sich in aller Bescheidenheit allein an dessen Wachstum. Dabei kommt es ihm auf penible Kontrolle und planvolle Vermögensbildung und -verwaltung an.

Einkommen

Erstaunlich: Mit seinem Einkommen ist er aufgrund seiner Anpassungsfähigkeit und Gefügigkeit nicht unzufrieden, solange der Lohn seinem Gerechtigkeitssinn nicht völlig entgegensteht.

Ausgeben

Hier reicht die Bandbreite nur von Sparsamkeit bis zu extremem Geiz, und die für ein bescheidenes bis karges Leben unbedingt notwendigen Ausgaben werden pedantisch genau eingeteilt und buchhalterisch dokumentiert. Bloß keine Überraschungen in Geldfragen. Selten allerdings durchbricht er dieses Muster und überrascht sich selbst und seine Umwelt mit einer außergewöhnlichen Extra-Ausgabe, um dann wieder für lange Zeit das alte Verhaltenssystem (horten, horten, horten) weiter zu praktizieren.

Schulden kommen nicht in Frage. Verborgen macht Sorgen. Wenn er stirbt, hinterlässt er den (dann meist lachenden) Erben all das, was er ihnen zu Lebzeiten vorenthalten hat.

Gehaltsverhandlung

Der Zwanghafte zögert diese bis zu einem Zeitpunkt hinaus, an dem für ihn die Ungerechtigkeit seiner Verdienstzumessung zum Himmel stinkt. Dann kann es leicht zu aggressiv gefärbten, rechthaberischen Auseinandersetzungen kommen.

Geld und Unglück – die depressive Persönlichkeit

Stellenwert

Dass Geld wichtig ist, sagt ihm sein Verstand, aber emotional spielt es in seiner generell eher freudlosen Welt keine besondere Rolle. Und doch hat es die Funktion, zu bestätigen, was der Depressive ohnehin schon weiß: Die Welt ist schlecht, das Leben ungerecht und die Menschen böse und obendrein unzuverlässig. Der Depressive ist zwar ständig auf der Suche nach dem Glück, steht sich selbst aber dabei am meisten im Wege.

Einkommen

Es reicht nicht. Entweder er arbeitet sehr viel und bekommt dafür viel zu wenig (overworked and underpaid), oder er arbeitet gar gänzlich für Gotteslohn, weil er nicht in der Lage ist, für sich angemessene Forderungen zu stellen.

Ausgeben

Wie gewonnen, so zerronnen, ist die häufig selbstschädigende Devise. Impulshafte »Frust«-Käufe haben den Charakter einer oralen Ersatzbefriedigung. »Man gönnt sich ja sonst nichts«, ist Lebensmotto und Rechtfertigung. Bekommt er unverhofft Geld, wird er es genauso schnell wieder los oder lebt in ständiger Sorge, dass er es wieder verlieren könnte.

Gehaltsverhandlung

Hier fehlen ihm gute Argumente, Überzeugungskraft ist nicht seine Stärke, und überhaupt fehlt es ihm an Antrieb, Mut und Entschiedenheit, dieses für ihn ganz besonders schwierige Thema angemessen vorzutragen. Wenn er sich aber dann doch traut, schießt er bisweilen über das Ziel weit hinaus und hat somit wieder das unbewusst neu inszenierte Frustrationserlebnis mit dem Fazit: »Ich habe eben immer Pech, keiner mag mich, ich kriege immer das Wenigste, hab nichts verdient, bin nichts wert.«

77 Geld und Zuwendung – die hysterische Persönlichkeit

Stellenwert

Geld ist wichtiger Bestandteil der theatralischen Selbstinszenierung des Hysterikers. Es ist der Stoff, mit dem man bei anderen am schnellsten Resonanz findet und damit dem Bedürfnis näher kommt, im Mittelpunkt zu stehen: Geld als Mittel zum Zweck der Erzielung von Aufmerksamkeit und Zuwendung.

Einkommen

Prahlen und Stöhnen über das Gehalt können sich abrupt abwechseln. Da er für Show- und Aufmerksamkeitseffekte (»Hoppla, jetzt komm ich«) immer recht viel ausgeben muss, ist meistens Ebbe im Portemonnaie.

Ausgeben

Hysteriker kennen beides: Sie leben gern über ihre Verhältnisse oder sind extrem hart gegen sich und andere. Nach ihrem Lebensmotto »Himmelhoch jauchzend – zu Tode betrübt« neigen sie abwechselnd zu rauschhaften Geldausgabeexzessen wie zu gnadenloser Askese.

Gehaltsverhandlung

Großer, dramatischer Auftritt – ohne warnende Ankündigung oder gar sinnvolle Vorbereitung. Kündigungsandrohung, Türenknallen, Tränen.

Geld und Distanz – die schizoide Persönlichkeit

78

Stellenwert

Über Geld wird nicht gesprochen. Man hat es. Es wird zwar idealisiert, aber nur heimlich. Ebenso wie zwischenmenschliche Beziehungen scheint für den Schizoiden nach außen auch das Geld kaum emotional besetzt zu sein. In Geldangelegenheiten akzentuiert er Zahlen und Fakten, das Klare, Kühl-Rationale. Die Neigung zu Verschlossenheit, Misstrauen und Arroganz lässt sich für ihn über das Medium Geld gut realisieren.

Einkommen

Auch darüber spricht der Schizoide nicht. Das Bedürfnis nach Unabhängigkeit und Autonomie setzt voraus, dass pekuniär genug zusammenkommt.

Ausgeben

Investiert wird möglichst nur in Sachwerte. Da weiß man, was man hat. Spaß macht das allerdings nicht sehr, weil das Kaufen einfach ein Zuviel an Kontakt mit anderen Menschen bedeutet. Wer es sich leisten kann, delegiert es deshalb.

Gehaltsverhandlung

Er wird diese strategisch gut vorbereitet und kühl durchziehen, meist mit dem gewünschten Erfolg. Anderenfalls erfolgt eine Umorientierung oder ausgeprägte innere Kündigung.

79 »Geld allein macht nicht glücklich ...

... aber es beruhigt«, sagt die alte Volksweisheit. Nun ist Beruhigung eine andere Seelenlage als Glück, und wenn man amerikanischen Untersuchungen Glauben schenken darf, sind die Reichen und Wohlhabenden nur unbedeutend glücklicher als der Durchschnittsamerikaner. Dies ist jedenfalls das Ergebnis einer Befragung durch das US-Wirtschaftsmagazin *Forbes*.

Erstaunlich, dass 37 Prozent der befragten Wohlhabenden in dieser Untersuchung sogar angaben, deutlich weniger glücklich zu sein als der Durchschnitt. Selbst Lottogewinne in Millionenhöhe machten ihre Gewinner nur kurzzeitig glücklich.

Und dennoch: Glück und Geldbesitz werden in der Regel zusammen assoziiert. Entsprechend fällt es denen, die über relativ wenig Geld verfügen, schwer zu glauben, dass sie mit einem Mehr an Geld nicht glücklicher wären.

In einer amerikanischen Langzeitstudie mit 5000 Erwachsenen fanden Psychologen interessanterweise eine Art des Glücklichseins als überdauerndes Grundgefühl. Wer sich von den befragten Personen am Anfang der Untersuchung glücklich einschätzte, tat dies auch noch zehn Jahre später, selbst wenn er in der Zwischenzeit Tiefschläge und deutliche Veränderungen in seinem Lebensumfeld hinnehmen musste.

Mit der Frage, was eigentlich die »Dauerglücklichen« von den eher weniger glücklichen Durchschnittsbürgern unterscheide, beschäftigten sich in einer anderen Untersuchung die amerikanischen Psychologen David G. Myers und Ed Diener und fanden vier gewichtige Unterscheidungsmerkmale:

1. Sich als glücklich bezeichnende Menschen verfügen über ein deutlich stärker ausgeprägtes Selbstwertgefühl. So erleben sie sich als intelligenter, gesünder und sozial kompetenter als ihre weniger glücklichen Mitmenschen. Besonders ausgeprägt ist der Zusammenhang zwischen Selbstwertgefühl und Glücklichsein in den

(westlich geprägten) Gesellschaften, für die Individualität und Freiheit des Einzelnen einen sehr hohen Stellenwert haben.

2. Wer der Meinung ist, mehr Einfluss und Kontrolle auf das eigene Leben oder Schicksal zu haben, erlebt sich glücklicher als andere. Gefühle von Kontrollverlust, Hilflosigkeit und Ausgeliefertsein lassen logischerweise keine Glücksgefühle entstehen und machen auf die Dauer (z.B. in der Depression) psychisch und physisch krank.
3. Glückliche Menschen sind Optimisten und stimmen Aussagen zu wie z.B. »Wenn ich etwas in Angriff nehme, gelingt es mir auch meistens«. Eigentlich verblüffend, dass sich allein schon der Glaube an den eigenen Erfolg so positiv auf den tatsächlichen Erfolg auswirken kann. Kein Wunder, wenn sich so jemand als glücklicher einschätzt als andere, die, grundsätzlich eher pessimistisch orientiert, an ihren eigenen Fähigkeiten zweifeln.
4. Weitere Grundlagen zum Glücklichsein ist die Extraversion, d.h. die Fähigkeit, Emotionen und Affekte unkompliziert nach außen richten zu können. Unabhängig davon, ob sie alleine oder mit anderen, auf der Stadt oder auf dem Land leben, im Team arbeiten oder überwiegend allein, erleben sich Glückliche in ständigem lebhaften Kontakt mit ihrer Umwelt und den Mitmenschen. Introvertierte, sozial eher zurückhaltende Menschen fühlen sich weitaus häufiger unglücklich als extrovertierte.

Neben den genannten vier Aspekten gehört zum Glücklichsein vor allem aber auch ein gut funktionierendes Netzwerk von stabilen sozialen Beziehungen. Glückliche Menschen können sich in Beruf und Freizeit ihren Aufgaben und Hobbys mit Freude hingeben und fühlen sich dadurch ausgefüllt und bestätigt. Sie sind häufiger als unglückliche Menschen religiös gebunden und erleben ihren Glauben als haltgebend und sinnstiftend.

Dass übrigens ein ordentliches oder sogar üppiges Einkommen glücklich oder doch wenigstens zufrieden stimmen soll, gehört in den Bereich der illusionären Verkennungen, erweist sich spätestens dann als Trugschluss, wenn man dieses erreicht hat.

So kann man einer Vergütungsstudie des Münchner Geva-Instituts entnehmen, dass etwa 50 Prozent der außertariflich entlohnten Fach- und Führungskräfte mit einem Jahreseinkommen von 45 000 bis über 250 000 Euro mit ihrem Gehalt nicht zufrieden sind. Zwar verbessert sich der Zufriedenheitsgrad mit der Höhe des Einkommens leicht, aber immerhin sind bei den Spitzenverdienern im Geschäftsführungsbereich (Jahreseinkommen zwischen 90 000 und über 250 000 Euro) immer noch knapp 30 Prozent unzufrieden.

Gerecht oder ungerecht? Der Teufel steckt im Detail

80

Das Gefühl, bereits mehrmals wirklich ungerecht behandelt worden zu sein, kennt wohl jeder. Gerechtigkeit hingegen verbindet der Einzelne kaum mit einem besonderen Erlebnis. Wenn Gerechtigkeit herrscht, ist man zufrieden, ist alles in Ordnung, also ganz normal. Um der Gerechtigkeit und ihrer Bedeutung auf die Spur zu kommen, beginnt man daher zunächst bei der Analyse von Ungerechtigkeit. Die Wahrnehmung von Ungerechtigkeit ist in erster Linie ein subjektives Erleben, ein besonders intensives Gefühl. Manch einer fühlt sich staatlicher Willkür hilflos ausgeliefert und völlig ungerecht behandelt, wenn er am Monatsende seine Lohnsteuerabzüge sieht. Wer arbeitslos wird, erlebt sich oft in einer doppelten Opferrolle – als von der Arbeitslosigkeit Betroffener und zumeist auch noch als Leidtragender einer Ungerechtigkeit.
Ungerechtigkeit wiederum provoziert neue Ungerechtigkeit. Der Chef hat einem ehrgeizigen, aber unbeliebten Mitarbeiter eine Gehaltserhöhung bewilligt. Seine Kollegen empfinden dies als zutiefst ungerecht. Die Folge – die Mitarbeiter beginnen Intrigen zu schmieden und den Unbeliebten durch Mobbing aus dem Team auszuschließen. Wichtige Informationen werden ihm vorenthalten. Auf diese Weise vergelten Mitarbeiter die eine Ungerechtigkeit mit einer neuen und sorgen für einen »Ausgleich« ihres aus der Balance geratenen subjektiven Gerechtigkeitsempfindens.
Mit den folgenden Tipps (79–89) wollen wir uns dem Themenkomplex Geld, Geltung und Gerechtigkeit nähern. Zwar glauben wir alle zu wissen, was gerecht ist und was nicht, aber bei näherem Betrachten wird deutlich, wie schwer es ist, diese philosophische Frage anhand von konkreten Beispielen zu beantworten, und wie sehr hier der Teufel im Detail steckt.

81 Ihr subjektives Gerechtigkeitsempfinden hat mit Fairness und Ausgewogenheit zu tun

Menschen fühlen sich an ihrem Arbeitsplatz vielfältigen Ungerechtigkeiten ausgeliefert, sei es durch Vorgesetzte, Kollegen, Arbeitsbedingungen oder Bezahlung. Nach den Gründen für dieses Gefühl befragt nehmen sie meist auf zwei Begriffe Bezug: Fairness und Ausgewogenheit.

Fairness

Wie geht man mit mir um? Werde ich fair behandelt, das heißt ausreichend entlohnt? Wissen Kollegen und Vorgesetzte meine Arbeit zu schätzen und respektieren sie mich?
Fühlt sich ein Mitarbeiter über einen längeren Zeitraum hinweg unfair behandelt, weil vielleicht seine Arbeitsleistung nicht entsprechend wertgeschätzt wird, kann die persönliche Frustrationsgrenze überschritten werden. Als mögliches Resultat droht eine grundsätzliche Abwehrhaltung gegenüber den eigenen beruflichen Aufgaben. Mit Mitteln der inneren Kündigung wird versucht, das subjektive Gerechtigkeitsempfinden wiederherzustellen – beispielsweise in Form von Blaumachen, Bummeln, Dienst nach Vorschrift und dem Ablehnen von Aufgaben oder Verantwortung.

Ausgewogenheit

Dieser Faktor ist eher eine Frage der Relation. Wie stehe ich im Vergleich zu anderen da? Werde ich angemessen am Erfolg beteiligt? Wie werde ich, verglichen mit meinen Kollegen, bei der Verteilung von Aufgaben und Verantwortung berücksichtigt?
Innerhalb des Lohngefüges sind große Gehaltsspannen oft der Grund für ein subjektives Ungerechtigkeitsempfinden. Warum verdiene ich weniger als mein gleichaltriger Kollege, der mit mir im Zimmer sitzt, dieselbe Arbeit macht und einen vergleichbaren beruflichen Werdegang hat? Warum verdient der Chef eigentlich so viel mehr – wo doch seine Mitarbeiter für ihn immer die Kastanien aus dem Feuer holen müssen?

Diese Fragen bergen ein grundsätzliches Konfliktpotenzial. Die unzufriedenen Kollegen spinnen Intrigen gegen den bevorzugten Mitarbeiter. Natürlich gibt es auch hier Unterschiede. Ist der Chef sympathisch, weiß man, dass er sich stets für seine Leute einsetzt und ihre Sorgen ernst nimmt, ist man eventuell leichter gewillt, Ungleichheiten bei der Bezahlung zu akzeptieren.

Nicht alles, was jemand als subjektiv ungerecht empfindet, ist dies auch nach objektiven Kriterien. Es gibt Menschen, die fühlen sich stets unangemessen behandelt und schieben Ungerechtigkeit als Grund für eigenes Versagen oder Fehlverhalten vor. Der Sohn einer reichen Familie, der es selbst zu nichts gebracht hat, macht gern seine ungerechte Umwelt, den Neid der anderen oder gar das Schicksal dafür verantwortlich. Und Politiker sehen sich permanent von öffentlicher Meinung und Medienschelte zu Unrecht verfolgt, wie beispielsweise bei den Plänen zur einer Diätenerhöhung. Trotz eines massiven subjektiven Eindrucks handelt es sich in diesen Fällen wohl nicht um eine objektive Ungerechtigkeit.

Um zu entscheiden, ob sich jemand über wirkliche Ungerechtigkeit beschwert, ist es notwendig, über allgemein gültige Maßstäbe für Gerechtigkeit nachzudenken. Schließlich unterliegen Fragen der Gerechtigkeit wie beispielsweise die Lohngerechtigkeit immer der Beurteilung durch mindestens zwei Beteiligte. Daher müssen auch intersubjektiv vermittelbare und verbindliche Normen aufgestellt werden.[10]

82 So kann »objektive« Gerechtigkeit aussehen

Wie könnte ein objektives und allgemein gültiges Gerechtigkeitsmodell aussehen? John Rawls, der wohl bekannteste Gerechtigkeitsphilosoph des 20. Jahrhunderts, entwickelte folgende Theorie:
»Man stelle sich vor, alle Menschen werden in einen Zustand versetzt, in dem sie zwar wissen, wie die Gesellschaft funktioniert, nicht aber, wer von ihnen zukünftig welche soziale Stellung innehaben wird. So kommen der über seine Rolle noch ahnungslose Vorstandsvorsitzende mit dem Arbeiter, der Priester mit dem Obdachlosen und die allein erziehende Sachbearbeiterin mit dem Studenten unter dem Mantel der Unwissenheit zusammen. Sie vereinbaren, wie die Güter und Lasten der Gesellschaft verteilt werden sollen. Nachdem die Verteilung festgelegt ist, lüftet sich der Schleier der Unwissenheit, jeder bekommt seine Rolle zugewiesen, die vorher ja noch niemand kannte. Keiner darf die getroffene Verteilung der Güter und Lasten im Nachhinein infrage stellen. Auf diese Weise wäre im Vorfeld jeder gezwungen, sich in die Position des anderen zu versetzen, vor allem in die des Schwächsten, die ihn ja potenziell treffen könnte.«[11]
Überträgt man dieses Szenario auf ein Unternehmen, so müssten alle Mitarbeiter gemeinsam darüber entscheiden, wer wie viel verdienen soll und wer dafür welche Aufgaben zu übernehmen hat. Während der Diskussion weiß niemand, ob er später Frau oder Mann, qualifiziert oder nicht qualifiziert, ob er später Facharbeiter, Abteilungsleiterin, Aufsichtsrat oder Empfangsdame sein wird.
Vielleicht wurde ja gerade aus diesem Grund die allgemeine Arbeits- und Lohnreduktion im VW-Werk akzeptiert, weil vorher niemand wusste, wer bei Nichtzustandekommen der Maßnahme entlassen worden wäre.[12]
In folgenden Zusammenhängen haben wir uns angewöhnt, von Gerechtigkeit zu sprechen:

1. Das Gerechtigkeitsbewusstsein bezieht sich zunächst einmal auf Recht und Rechtmäßigkeit. Das bedeutet, Gerechtigkeit herrscht,

wenn jemand sein Recht bekommt. Ungerecht dagegen ist es, wenn ein Angeklagter entgegen den gesetzlichen Bestimmungen kein Recht auf Verteidigung erhält. Der Staat kann ihm das Recht nicht verweigern, etwa mit der Begründung, der Angeklagte sei sowieso schuldig, oder der Haushaltsposten für Pflichtverteidiger sei ausgeschöpft.

2. Die Frage nach Gerechtigkeit ist besonders wichtig, wenn es um Belohnung und Bestrafung geht. Wer im Supermarkt gestohlen hat, muss einige Tagessätze entrichten. Ein Mörder dagegen hat mit einer lebenslangen Gefängnisstrafe zu rechnen. Dies gilt auch außerhalb des juristischen Bereichs im Fall von Belohnungen: Für besondere Leistung erhält man Preise und Orden, wie jene Politiker, die für außerordentliche Verdienste um den Frieden mit dem Friedensnobelpreis ausgezeichnet werden. Man bezeichnet es als gerecht, wenn Bürgern für beispielhaftes Verhalten – beispielsweise nach der Rettung eines Ertrinkenden – das Bundesverdienstkreuz verliehen wird.
3. Wir sprechen von Gerechtigkeit, wenn die Mitglieder einer Gemeinschaft sich gegenseitig fair behandeln. Erschleicht sich jemand Vorteile und versucht, andere auszubooten, empört man sich. Das ist ungerecht! Als der ehemalige IG-Metallvorsitzende Franz Steinkühler in den Verdacht geriet, in seiner Funktion als Aufsichtsratsmitglied damals noch bei der Daimler- Benz AG sein Insiderwissen für höchst lukrative Börsenspekulationen zu nutzen, erhob sich ein Sturm der moralischen Entrüstung. Der mächtige Gewerkschaftsboss soll seinen Wissensvorsprung zur Wahrung seiner egoistischen Interessen eingesetzt haben! Die Brokermentalität des Herrn Steinkühler empfanden die Arbeitnehmer als unfair, zumal sie zur selben Zeit reale Einkommensverluste hinnehmen mussten. Die Konsequenzen für Steinkühler sind hinlänglich bekannt. Ähnliche Beispiele lassen sich auch heute finden.
4. Als gerecht gilt es ebenfalls, Notlagen oder Belastungen auszugleichen. Das System der staatlichen Besteuerung ist ein Beispiel dafür. Wer durch niedriges Einkommen, hohe Kinderzahl oder außergewöhnliche Belastungen benachteiligt ist, erhält einen

ausgleichenden Vorteil: Er muss weniger Abgaben zahlen oder wird zusätzlich unterstützt. Wenn der Chef bemerkt, dass er einen Mitarbeiter unfair behandelt hat, kann er bei der nächsten Entscheidung den benachteiligten Mitarbeiter stärker berücksichtigen. »Sacrifice requires compensations«, Opfer erfordern Kompensierung, lautet daher eine Maxime der Gerechtigkeit.

5. In der Regel wird von Gerechtigkeit im Sinne einer Verteilungsgerechtigkeit gesprochen. Alle Güter und Lasten einer Gemeinschaft sollen gerecht an alle verteilt werden. Doch wie könnte eine solche Verteilung aussehen? Soll jeder das Gleiche bekommen, oder soll der am meisten bekommen, der das Meiste geleistet hat?

So kann eine Utopie der Gerechtigkeit aussehen

Der Verteilungsphilosoph Bruce A. Ackermann veranschaulicht in seinem Buch *Social Justice in the Liberal State* seine Überlegungen zur Verteilungsgerechtigkeit anhand einer Geschichte: Aus Verzweiflung über immer knappere Ressourcen möchte eine Gruppe abenteuerlustiger Menschen einen neuen Planeten bevölkern. Neben den Astronauten, die in der Lage sind, das Raumschiff zu steuern, finden sich an Bord Ingenieure, Lehrer, Umweltschützer und andere Tatendurstige.

Vor der Landung auf dem neuen Heimatplaneten wird zunächst die Oberfläche gescannt: Der Planet ist unbewohnt, doch es findet sich eine Wundersubstanz, aus der man praktisch alles machen kann, was das Herz begehrt. Allerdings ist diese Substanz nicht in so ausreichender Menge vorhanden, um sämtliche Wünsche der Neuankömmlinge zu befriedigen. Alle möchten auf dem Planeten ein neues und besseres Leben beginnen, und so entbrennt eine Diskussion über die Verteilung: Einige Menschen sind der Meinung, die Wundersubstanz solle je nach persönlichem Einsatz verteilt werden. Andere führen die individuelle Bedürftigkeit als Verteilungskriterium an. Wieder andere stufen die Menschen an Bord nach ihrem Beitrag zum Wohlergehen aller ein, andere nach ihrer Unterstützung derer, denen es am schlechtesten geht. Manche wollen die Wundersubstanz einfach gleichmäßig unter allen aufteilen.[13]

Folgende verschiedene Modelle der Verteilungsgerechtigkeit sind uns bekannt: Wir nennen es gerecht, wenn jemand bekommt, was er verdient. Danach erhält beispielsweise der am meisten Geld, der sich am stärksten um das Wohl aller bemüht hat. So könnte man fordern, dass Politiker gemäß ihrem Beitrag zum allgemeinen Wohlergehen bezahlt werden sollten. Man kann den Verdienst aber auch nach dem Beitrag zum Wohle derer berechnen, denen es am schlechtesten geht. Demnach hielten viele es für gerecht, wenn Mutter Theresa den Friedensnobelpreis erhalten hätte, auch wenn sie nicht viel zum allgemeinen Wohlergehen beigetragen hat, sondern sich vor allem einer besonders benachteiligten Gruppe gewidmet hat.

Eine gleiche Behandlung aller kennen wir aus dem Handel. Es gilt als gerecht, wenn ein Händler allen Kunden denselben Preis berechnet, anstatt diesen jeweils individuell an die unterschiedlichen finanziellen Möglichkeiten der Kunden anzupassen.[14] Die Realität allerdings lehrt, dass vor dem Händler nicht alle Kunden gleich sind, sondern Großkunden oder Prominente einen besseren Preis bekommen als Otto Normalverbraucher.

In der empirischen Gerechtigkeitsforschung gelten als häufig vorgebrachte Verteilungskriterien Gleichheit, Chancengleichheit, erbrachte Leistungen, Dienstalter, Besitzstand, Bedürftigkeit und Mitgliedschaft. Konflikte entstehen, wenn verschiedene Parteien unterschiedliche Kriterien bei einer Verteilung für gültig halten.[15]

Walter Pfannkuche, Moralphilosoph aus Berlin, weist auf die Bedeutung von Gerechtigkeitsmodellen in der Gesellschaft hin: »Gerechtigkeit ist eine, wenn nicht die fundamentale Größe im Zusammenleben der Gemeinschaft. Die Gemeinschaft muss sich daher Gedanken machen, nach welchen Prinzipien sie ihre Güter und Lasten verteilen will. Leider ließ man nach dem Zweiten Weltkrieg die Chance zum öffentlichen Diskurs darüber ungenutzt verstreichen. In der bald nach dem Krieg einsetzenden Wachstumsphase wurde zunächst einmal nach dem Prinzip verteilt: Jeder bekommt halt was vom neuen Reichtum ab!«[16]

Schnell entwickelten sich die Unterschiede in der Einkommens- und Vermögensverteilung. Jeder hatte nun zwar vom neuen Reichtum etwas abbekommen, aber der eine wesentlich mehr als der andere. Und heute merken wir, dass eine Einigung über die Verteilungsprinzipien in der Bundesrepublik nie erzielt wurde. Dies aber birgt für ein demokratisches Staatssystem in Zeiten ohne Wachstum die Gefahr von Verteilungskämpfen und der Erosion sozialer Strukturen.

Leider hält sich die Mehrzahl der Philosophen bei dieser Debatte bislang vornehm zurück. Nicht so Pfannkuche. Er denkt gern über die Mauern des akademischen Elfenbeinturms hinaus: »Insbesondere bei Lohnverhandlungen wäre ein klarer Begriff von Gerechtigkeit sehr wichtig«, insistiert er.

In Pfannkuches Buch *Wer verdient schon, was er verdient* hinterfragt Protagonistin Elisa Merten, eine Ostberliner Warenhausverkäuferin, mit einer gehörigen Portion gesunden Menschenverstands die Verteilungsprinzipien der Tarifverträge:

»Wenn die Gerechtigkeit verlangt, dass Belastungen ausgeglichen werden sollen, dann ist es weitaus plausibler und dringender, für den täglichen Stumpfsinn der mechanischen Tätigkeiten und für Arbeitsformen, die das Familienleben und die Gesundheit schädigen, eine Kompensation zu zahlen, als für solche nur vorgeschobenen Belastungen wie Ausbildung und Verantwortung. Gemessen am Ausgleichsprinzip ist die bestehende Verteilungspraxis doch geradezu absurd: Die an sich schon attraktiven Arbeiten werden auch noch gut bezahlt, und die elenden Jobs werden wie zum Hohn mit einem Almosen abgespeist.«[17]

84 Warum Einkommensunterschiede meist stillschweigend akzeptiert werden

Gerechtigkeit bedeutet nicht notwendigerweise, dass alle in gleichem Maße berücksichtigt werden. Dass es überhaupt Einkommensunterschiede gibt, wird ja auch von den meisten Menschen stillschweigend akzeptiert.

Bei allem Reden über Gerechtigkeit darf man zwei Aspekte nicht vernachlässigen: Begründung und Transparenz. Eine ungleiche Verteilung muss immer offen und schlüssig begründet werden, damit eine Einsicht in die Folgerichtigkeit der Entscheidung ermöglicht wird.

Entscheidungen können als gerecht empfunden werden, wenn man die Hintergründe versteht. Durch mangelnde Transparenz und die sich dadurch ergebenden Unsicherheiten kommt schnell ein Gefühl von Ungerechtigkeit auf. Manche Entscheidungen werden daher in öffentlichen Diskussionen und Verhandlungen gefällt, wie beispielsweise bei Tarif- und Gerichtsverhandlungen.

Beim Thema Lohngerechtigkeit ist es zunächst wichtig, die häufig angeführten Kriterien für eine ungleiche Bezahlung zu untersuchen. Die einzelnen Kriterien mit ihren Begründungen finden Sie detailliert in den folgenden Tipps 85–89.

Wer viel leistet, verdient viel

Zentrales Element einer Leistungsgesellschaft ist die Leistungsfähigkeit des Einzelnen. Die Bewertung aufgrund von Leistungskriterien wirft jedoch eine wichtige Frage auf: Wer leistet eigentlich wie viel?
Leistet die Krankenschwester in der Nachtschicht mehr als der Umweltschützer, der Sponsorengelder für die Rettung des Regenwalds sammelt? Arbeitet der Marketingchef auf seinen Meetings und Geschäftsessen mehr als die Sekretärin, die währenddessen eine Vielzahl von Aufgaben und Terminen koordinieren muss?
Manchen Einkommensunterschieden ist mit dem Leistungsargument jedoch überhaupt nicht beizukommen. Beispiel Showstars: Thomas Gottschalk verbucht für sich und seine Produktionsfirma jährlich Millionengewinne. Über die Hälfte aller darstellenden Künstler dagegen leben eher unter der Armutsgrenze.

86 Wer ein hohes Maß an Verantwortung trägt, bekommt ein hohes Gehalt

Je größer die Verantwortung für Projekte, Entscheidungen und Personal, desto höher die Bezüge. Das Problem liegt aber darin, die viel beschworene Verantwortung eines Spitzenverdieners und die daraus abzuleitenden Konsequenzen seines Handelns eindeutig zu definieren.

Wenn ein Manager ein Projekt in den Sand setzt, worin dokumentiert sich dann seine Verantwortlichkeit, für die er angeblich so fürstlich entlohnt werden muss?

Falls Gerechtigkeit etwas damit zu tun hat, Belastungen auszugleichen, könnte man folgendermaßen argumentieren: Viel Verantwortung wird durch hohe Bezüge entschädigt. Demnach müssen also Mitarbeiter, die sich durch eine enorme Verantwortung gedrückt fühlen, mit Finanzmitteln wieder »fitgespritzt« werden. Doch wer Verantwortung trägt, hat in der Regel schon allein dadurch bessere Arbeitsbedingungen und einen höheren sozialen Status. Vielleicht müssten eher diejenigen entschädigt werden, die durch ihre einfachen mechanischen Arbeiten keinerlei Verantwortung übernehmen dürfen.[18]

Wer besser qualifiziert ist, wird besser bezahlt

Am unteren Ende der Lohnskala finden sich reproduktive, schematische und mechanische Tätigkeiten, die keine oder eine kurze Ausbildung erfordern und die man bereits nach kurzer Zeit wie im Schlaf beherrscht. Besonders qualifizierte Tätigkeiten werden höher entlohnt. Allerdings gilt auch hier: Qualifizierte Tätigkeiten sind in der Regel bereits an sich attraktiver, weil sie abwechslungsreicher und anspruchsvoller sind und eine höhere Wertschätzung in der Gesellschaft finden.

Dieses Problem ist im Übrigen nicht ganz neu. Bereits 1871 – mitten in der Blütezeit der englischen Industrialisierung und der gewerkschaftlichen Diskussion um die damals erbärmlichen und existenzbedrohlich niedrigen Löhne – fragte der Wirtschaftsphilosoph John Stuart Mill: »Ist es gerecht oder ungerecht, dass in einem genossenschaftlichen Industriebetrieb die geschickteren und erfahreneren Arbeiter ein Anrecht auf bessere Bezahlung haben?« Er argumentierte, dass alle, die ihr Bestmögliches leisten, sich gleichermaßen verdient machen und nicht wegen eines Mangels zurückgesetzt werden dürfen, an dem sie keine Schuld haben. Höhere Fähigkeiten verschaffen ohnehin schon genug Vorteile, indem sie Bewunderung erregen, zu persönlichem Einfluss verhelfen und innere Befriedigung gewähren.[19]

Was qualifiziert eigentlich für eine gehobene Position? Durchsetzungsvermögen? Verständnis wirtschaftlicher Entwicklungen? Ein geschicktes Händchen für Leute, Markt und Macht? Als besondere Qualifikation für hoch dotierte Managerposten führt der Wirtschaftsredakteur Günter Ogger in seinem Bestseller *Nieten in Nadelstreifen* unter anderem Folgendes an: kleinkarierter Egoismus, Unfähigkeit zur Teamarbeit, Opportunismus, Konformismus und Bürokratismus. Zur Psyche der Leistungsträger bringt er ein Zitat aus dem *manager magazin*: »Profitsucht ist hier kein Makel, sondern ökonomische Notwendigkeit, Gier heißt Wachstum, brennender Ehrgeiz gilt als karriereförderlicher Siegeswille. Und wenn einer es geschafft hat, werden die Nullen auf seinem Konto gezählt, nicht die Leichen auf seinem Weg.«[20] Ist die Frage, warum ausgerechnet solche Verhaltensmuster hoch bezahlt werden, naiv?

88 Angebot und Nachfrage bestimmen den Preis

Diese Aussage ist fast zu einem Totschlagargument geworden. Aber trifft sie auf die tatsächlichen Verhältnisse zu? Es kann doch wirklich keine Rede davon sein, dass die Nachfrage nach Managern so groß, das Angebot aber ganz klein ist. Wenn überhaupt, existiert ein gewisser Mangel an nachweislich guten, besonders befähigten Managern.

Es sind eher die Besserverdienenden, die argumentieren, die Bezahlung beispielsweise von Heizungsmonteuren resultiere aus einem Angebotsüberhang oder der Unterschied zwischen dem Gehalt eines Arztes und dem einer Krankenschwester basiere auf der großen Nachfrage nach Ärzten und dem geringen Bedarf an Krankenschwestern. Da es sich aber tatsächlich genau andersherum verhält, ist die Begründung realer Einkommensunterschiede auf der Basis der Formel von Angebot und Nachfrage schlichtweg falsch.

Die meisten übertariflichen Einkommen werden nicht nach allgemein gültigen oder durchschaubaren Regeln verteilt. Wer gute Beziehungen zu seinem Vorgesetzten hat, wer es versteht, andere unter Druck zu setzen und sich selbst zu inszenieren, wer von alten Seilschaften profitiert oder im Goldfischteich mitschwimmt, wird bei der Bezahlung bevorzugt. Man könnte vermuten, dass bei der faktischen Verteilung Gerechtigkeitsüberlegungen überhaupt keine Rolle spielen.

Oft hört man, dass Manager, die für ihre Arbeit nicht hoch genug entlohnt werden, eventuell unzufrieden, gar unmotiviert sind. Dann wäre das Unternehmen Opfer einer Erpressung. Man stelle sich vor, dass ein Großbetrieb mit einer entsprechenden Anzahl an Arbeitsplätzen in die roten Zahlen gerät und der Manager sich einfach demotiviert zeigt: »Zu wenig Gehalt«, rechtfertigt er sich. Die Drohung, bei gleich bleibender Bezahlung nicht motiviert zu sein, funktioniert allerdings in den meisten Fällen nicht. Qualifizierte Facharbeiter beispielsweise können diese zwar vorbringen, müssten aber nicht nur mit unverständigem Kopfschütteln, sondern auch mit Sanktionen rechnen. Wir können von dieser Methode nur abraten (siehe auch die Tipps 33–36 zu den »Todsünden«).

Für die meisten Angestellten ist es selbstverständlich, dass sie auch ohne Spitzenbezüge hoch motiviert sein müssen. Manager in Spitzenpositionen aber haben die Macht und die Möglichkeiten, sich mit solchen Drohungen durchzusetzen. »Was in dem Gefüge von Macht und Ohnmacht wirklich abläuft, ist die allgegenwärtige Erpressung einer Mehrheit durch eine gut organisierte Minderheit«, behauptet Elisa Merten, die literarische Heldin des Berliner Gerechtigkeitsphilosophen Pfannkuche.[21] Allein die Tatsache, so könnte man argumentieren, dass Gehälter zwischen verschiedenen Kräften ausgehandelt würden, mache die Bezahlung einigermaßen gerecht. Manche Verhandlungen haben dennoch einen erpresserischen Charakter:
Elisa Merten konstruiert folgende Situation:

Beispiel

Ein Arzt eröffnet einem soeben Verunglückten, dass in seine Augen leider eine Vielzahl von Splittern eingedrungen seien, die binnen kurzem zur Erblindung führen werden. Als Arzt sei er jedoch in der Lage, die Sehkraft des Patienten zu retten, fühle sich zu dieser Leistung aber nur dann motiviert, wenn der Verunglückte ihm vorher sein gesamtes Vermögen überschreibe. Falls ihm das zu teuer erscheine, stehe es ihm natürlich völlig frei, den Rest seines Lebens in Blindheit zu fristen.

Würde diese Androhung unterlassener Hilfeleistung bekannt, so Elisa Merten, ginge ein Aufschrei der moralischen Entrüstung durch das Land. Man würde den Arzt für einen schamlosen Erpresser halten.[22] Anders verhält es sich bei – vermeintlichen oder wirklichen – wirtschaftlichen Spitzenkönnern. Im Grunde ist jedes Argument problematisch, mit dem erhebliche Einkommensunterschiede begründet werden sollen. Keines erklärt zufriedenstellend, warum beispielsweise Frauen noch immer erheblich weniger verdienen als Männer, obwohl sie weder leistungsschwächer, weniger qualifiziert noch weniger verantwortungsbereit sind.

89 Noch immer sind Frauen das »einkommensschwache Geschlecht«

Das durchschnittliche Einkommen weiblicher Arbeitskräfte lag in der Bundesrepublik auch gegen Ende des 20. Jahrhunderts noch um ein Drittel unter dem ihrer männlichen Kollegen, so der Vorsitzende der Deutschen Angestellten Gewerkschaft, Roland Issen.[23] Die harten Fakten für diese Situation finden sich in der Unzumutbarkeit von schwerer körperlicher Arbeit, Nachtschichten (deren Verbot für Frauen das Bundesverfassungsgericht 1992 aufhob) und der Unterbrechung der Lebensarbeitszeit durch Mutterschafts- beziehungsweise Erziehungsurlaub. Dadurch fehlen den Frauen Berufsjahre und auch Berufspraxis. Als Folge davon werden sie bei ihrem Gehalt niedriger eingestuft.

Die weichen Fakten dagegen sind recht diffus. Frauen tun sich häufig schwer, ihre Gehaltsvorstellungen durchzusetzen. Nicht selten berichten sie von negativen Gefühlen, etwas Schlechtes zu tun, auch wenn sie nur eine angemessene Entlohnung fordern. Anderen Frauen wiederum ist es offensichtlich unangenehm, ihre eigenen Fähigkeiten und Qualifikationen in den Vordergrund zu rücken. Außerdem fehlt es vielen an ausreichendem Beharrungsvermögen, jedes Jahr wegen einer Gehaltserhöhung beim Chef vorzusprechen. Ist es deswegen gerechtfertigt, dass Frauen weniger verdienen?

Mangelnde Leistungsfähigkeit kann jedenfalls nicht ins Feld geführt werden: »Denn an der Frau mit Karriereambition, so hat die Wissenschaft mit erstaunlichem Aufwand nachgewiesen, liegt es nicht, dass der Fortschritt so zäh ist: Sie ist motiviert und mobil, gut ausgebildet und verantwortungsbewusst, entscheidungsfreudig und sensibel, (...) dafür aber keinesfalls weniger arbeitsbereit.«[24]

Und auch für Führungspositionen mit hoher Mitarbeiterverantwortung sind Frauen aufgrund ihrer Sozialisation und der daraus entwickelten sozialen Kompetenz oftmals viel besser geeignet. (Zu diesem Thema haben wir viel in unserem Buch *Die Neurosen der Chefs* geschrieben.)

Noch immer besteht ein »Männerbündnis für Männerarbeit«

90

Als die Trümmerfrauen in den ersten Monaten und Jahren nach dem Zweiten Weltkrieg ihre Arbeit geleistet hatten und die Häuser wieder standen, mussten sie zurück zu Küche und Kindern. Trotz 68er- und Emanzipationsbewegung und der in der DDR relativ hohen Beschäftigung weiblicher Arbeitskräfte hat Deutschland heute im internationalen Vergleich die niedrigste Frauenerwerbsquote.[25]

In der Hektik der bundesdeutschen Lohnsenkungsdiskussion (von manchen auch Lohnanpassungsdiskussion genannt) geriet die emanzipatorische Forderung nach einer gleichmäßigen Aufteilung der häuslichen und familiären Aufgaben zwischen Frau und Mann wieder in Vergessenheit.

Nur etwa 1 Prozent der Männer nimmt Erziehungsurlaub.[26] Der Beitrag des Mannes zur Kindererziehung hört in den meisten Fällen nach der Zeugung auf. »Ein reines Männerbündnis für Männerarbeit« nennt der Sozialethiker Friedhelm Hengsbach daher die Vorschläge im Zusammenhang mit dem »Bündnis für Arbeit«.[27]

Die mittlerweile alles dominierende Spardiskussion forciert den Gedanken, die ungleiche Verteilung der Kaufkraft zwischen Männern und Frauen als eine Art Naturereignis hinzunehmen. »Dass erwerbstätigen Frauen im Durchschnitt lediglich zwei Drittel des Einkommens zugestanden wird, das erwerbstätige Männer verdienen, mag zwar unmittelbar durch die vorhandenen Qualifikationen, die übernommenen Arbeitsaufgaben und die Marktlage erklärt werden. Mittelbar aber sind die gesellschaftlichen Rahmenbedingungen für eine solche Asymmetrie der Primärverteilung verantwortlich.«[28] Schließlich war bei Freiheit, Gleichheit und Brüderlichkeit auch keine Rede von den Frauen.[29]

Niedrigere Löhne bedeuten auch niedrigere Renten. Nur 18 Prozent der deutschen Rentnerinnen erhalten Ruhegehälter, die deutlich oberhalb der Sozialhilfe liegen. Die Frauen stützen das Rentensystem am stärksten, profitieren aber am wenigsten davon. Die Erziehung von Kindern wird kaum honoriert, obwohl die Jüngeren laut Generationenvertrag die Renten der Alten erarbeiten müssen.

Kindererziehung allein gewährt nur eine Altersversorgung am Existenzminimum. Die *Woche* rechnet vor, dass eine Frau, die nie erwerbstätig war, 35 Kinder zur Welt gebracht haben müsste, um wenigstens eine Rente auf Hartz-IV-Niveau zu erhalten.[30] Noch schlimmer ergeht es den Frauen, die aus Scham über ihre Armut den Weg zum Sozialamt scheuen. Gerade ältere Frauen tun sich schwer, ihre Rechte geltend zu machen.

Schließlich haben Frauen wegen ihres geringeren Einkommens weniger Möglichkeiten, sich für ihr Alter privat abzusichern, beispielsweise durch kapitalbildende Lebensversicherungen, Immobilienbesitz oder private Rentenversicherungen.

Nach der Gehaltsverhandlung

91 Was Sie nach der Verhandlung tun sollten

Wie ist das Gehaltsverhandlungsgespräch ausgegangen? Wurde Ihnen die Gehaltserhöhung zugesagt? Dann gratulieren wir herzlich. Mit dem Ende einer Gehaltsverhandlung ist Ihr »Auftrag« jedoch noch längst nicht beendet. Je nachdem, zu welchem Ergebnis das Gespräch gekommen ist, gibt es durchaus noch Mittel und Wege, das erzielte Verhandlungsergebnis »aufzubessern«.

Für den Fall, dass Ihre Forderung akzeptiert wurde, werden Sie nach wenigen Tagen wahrscheinlich eine schriftliche Bestätigung Ihres neuen Gehalts aus der Personalabteilung bekommen.

Womöglich werden Sie auch mit dem Hinweis vertröstet, dass Ihr Vorgesetzter sich in Kürze bei Ihnen meldet, um Ihnen Bescheid zu geben, ob er etwas für Sie erreichen konnte. Warten Sie also mehrere Tage ab. (Am besten fragen Sie vorher, wann mit einem Ergebnis zu rechnen ist.) Wenn's gut läuft, werden Sie schriftlich über die genehmigte Gehaltserhöhung informiert. Haben Sie Pech, hören Sie nichts mehr von Ihrem Chef. Dann müssen Sie, ob es Ihnen gefällt oder nicht, in den sauren Apfel beißen und noch einmal nachfragen. Spätestens nach vier Wochen, besser aber schon etwas früher.

So sollten Sie auf eine Ablehnung reagieren

92

Kommt eine schriftliche Ablehnung, sollten Sie sich damit nicht zufriedengeben. Gehen Sie ruhig erneut zu Ihrem Vorgesetzten und fragen Sie mit freundlicher Gelassenheit nach den Gründen. Dies wäre auch eine gute Gelegenheit, nachzuverhandeln und eventuell als Kompromiss Fringe Benefits (siehe Tipp 53) ins Gespräch zu bringen.
Wenn dies alles nicht klappen sollte, machen Sie Ihrem Ärger ruhig Luft – natürlich auf zivilisiert-gemäßigte Art und Weise. Selbstverständlich hat es keinen Sinn, jetzt laut und ausfallend zu werden. Atmen Sie tief durch, und sagen Sie, dass Sie sehr ärgerlich und auch enttäuscht sind, dass Ihre Leistungen nicht entsprechend honoriert werden. Fragen Sie Ihren Vorgesetzten, was Sie seiner Meinung nach noch tun können, um in den Genuss einer Gehaltserhöhung zu kommen.

93 Versuchen Sie, bei einer Ablehnung einen neuen Gesprächstermin zu vereinbaren

Im schlimmsten Fall bekommen Sie auf Ihre Nachfragen eine klare Abfuhr. Sollte Ihr Arbeitgeber Sie mit dem Hinweis »Diesmal nicht« hinauskomplimentieren wollen, dann dürfen Sie das durchaus als Ermunterung verstehen. Am besten ist, es gelingt Ihnen, mit ihm gleich einen festen Zeitpunkt zu vereinbaren, wann Sie Ihr Anliegen nochmals vorbringen können. In der Zwischenzeit ist es sicherlich nicht von Nachteil, besonderes Engagement an den Tag zu legen.

Besonders günstig ist es, wenn Sie versuchen, sich neue Tätigkeitskreise zu erschließen und mehr Verantwortung zu übernehmen. Damit schlagen Sie zwei Fliegen mit einer Klappe: Ihr Job wird interessanter und die Gehaltserhöhung ist dann hoffentlich wirklich nur noch eine Frage der Zeit.

Diese Methode, gleich um einen neuen Termin zu bitten, soll Ihr Gegenüber noch einmal dazu bringen, sich konkret zu äußern. Bekommen Sie keine Antwort auf Ihre Frage oder nur Ausflüchte zu hören, ist das ein Signal: Jede weitere Argumentation Ihrerseits wäre zwecklos.

Resümieren Sie das geführte Gehaltsgespräch in aller Ruhe

94

Lassen Sie erst einmal die Wut in Ihrem Bauch verrauchen und resümieren Sie in aller Ruhe nochmals das Gespräch. Analysieren Sie die Verhandlung möglichst sachlich, und nutzen Sie die Gelegenheit, sich einmal selbst ganz kritisch zu hinterfragen:

Hinterfragen Sie sich

› Bin ich wirklich so gut, wie ich mich dargestellt habe?
› Könnte ich noch etwas verbessern? Was ist mit meinen Leistungen?
› Hat mein Gegenüber recht, oder möchte er nur alles abwehren, was Geld kostet?
› Wie stark habe ich mich weiterentwickelt, was habe ich für mein berufliches Fortkommen getan?
› Welche besonderen Kompetenzen habe ich? Lassen sich diese noch verbessern?
› Was macht mir an meiner jetzigen Arbeit Spaß, was weniger?
› Welche Erfolge habe ich angestrebt, welche erreicht, welche nicht? Warum nicht?

95 Was Sie tun sollten, wenn es nicht geklappt hat

Wenn Sie nach reiflicher Überlegung das sichere Gefühl haben, in Ihrer Firma eher blockiert als gefördert zu werden, dann ist es Zeit, sich ernsthaft Gedanken über eine Veränderung zu machen. Überlegen Sie, ob sich ein Firmenwechsel für Sie lohnen könnte. Dabei sollten Sie alles in die Waagschale werfen, was Sie gewinnen oder auch verlieren könnten. Aber bedenken Sie, für 50 oder 100 Euro mehr im Monat (brutto bedeutet: Sie finden wahrscheinlich nicht mal die Hälfte auf Ihrem Lohnkonto) lohnt es sich gewiss nicht, die Stelle in einer Firma aufzugeben, in der man sich eigentlich wohlfühlt.
Prinzipiell sollte eine gescheiterte Gehaltsverhandlung kein Grund sein, sich mit Abwanderungsgedanken zu tragen. Einen Misserfolg kann es immer geben. Und auch wenn es nur ein schwacher Trost ist: Daraus können Sie mit Sicherheit für künftige Gespräche lernen. Nützlich wäre es, wenn Sie nach dem Gespräch – ob erfolgreich oder gescheitert – ein Protokoll anfertigen. Denn die nächste Gehaltsverhandlung kommt bestimmt. Sie können dann Ihre Notizen sicher gut für die Vorbereitung gebrauchen und sich die einzelnen Punkte nochmals ins Gedächtnis rufen:

› Mit welchen Fragen muss ich rechnen?
› Wie habe ich reagiert?
› Gibt es bessere Antwortmöglichkeiten?
› Was kann ich verbessern?

Sie wissen ja: Übung macht den Meister. So präpariert läuft es beim nächsten Mal bestimmt noch besser.

96 Sondieren und nutzen Sie Ihre Möglichkeiten zur Weiterentwicklung

Machen Sie sich nach einem Gehaltsgespräch, das nicht wunschgemäß ausgegangen ist, den Vorsatz »lebenslanges Lernen« zu eigen. Seien Sie nicht sauer über den Misserfolg, und begehen Sie fortan nicht den Fehler, in der Arbeit nur noch das Nötigste zu erledigen. Damit schaden Sie sich lediglich selber. Tun Sie stattdessen alles, um sich weiterzuentwickeln. Lesen Sie Fachliteratur, besuchen Sie Seminare, gehen Sie zu Vorträgen, suchen Sie am Arbeitsplatz nach neuen Aufgabenfeldern mit mehr Verantwortung. Geben Sie sich nicht zufrieden mit dem, was Sie erreicht haben, sondern arbeiten Sie weiter an sich.

97 Fleiß allein bringt es nicht, sprechen Sie über Ihre Leistungen!

Hier noch ein Gedanke zum Thema Engagement: Ob Sie wirklich Ihrer Leistung entsprechend bezahlt und damit gerecht entlohnt werden, lässt sich sicherlich nicht so einfach entscheiden. Die Frage ist wohl, ob es überhaupt ein adäquates Messinstrument gibt, das einer so komplexen Thematik wie Leistungsentlohnung gerecht werden kann. Erfassen lassen sich eher Quantität und benötigte Arbeitszeit. Schon bei der Beurteilung der Qualität treten sicherlich deutliche Differenzen auf. Werden – so bleibt dennoch die Frage – außerordentliche Leistungen bei der Entlohnung entsprechend gewürdigt?
Zwar lautet das Erziehungsmotto »Ohne Fleiß kein Preis«, und auch die Umkehrung »Ohne Preis …« ist uns nicht unbekannt. Die Zusammenfassung einiger wichtiger Untersuchungen zu diesem Thema verdeutlicht jedoch sehr schnell, dass der (nur) Fleißige oft leider auch der »Dumme« ist. Er muss eben auch Marketing in eigener Sache betreiben, damit die anderen auf seinen Einsatz aufmerksam werden. Daher hier noch einmal der Hinweis für den Ernstfall: Sie müssen Ihre Erfolge, Ihre Leistungen, Ihren Einsatz benennen können, um überzeugend mehr Geld einzufordern. Gehen Sie nicht davon aus, dass Ihr Gegenüber längst gemerkt haben muss, wie sehr Sie sich für die Firma täglich »abrackern«.
Fleiß allein bringt's also nicht, denn die reine Verlängerung der Arbeitszeit von 40 Wochenstunden auf 60 und mehr beschert Ihnen eher einen Herzinfarkt oder eine Scheidung (im schlimmsten Fall beides). Auf eine entsprechende Honorierung Ihrer investierten Lebenszeit müssen Sie jedoch, jedenfalls statistisch gesehen, weiter warten.
Was steckt dahinter? Ungewöhnlich zeitintensiver Arbeitseinsatz kann vielleicht ein Mehr an Leistung für Ihren Arbeitgeber bedeuten und wird sicherlich hin und wieder auch vergolten werden. (Ausnahmen bestätigen die Regel!) Meistens aber sieht es anders aus.
Wird jemand mit seiner Arbeit in der dafür vorgesehenen (Regelarbeits-)Zeit nicht fertig, ist das für die meisten Arbeitgeber noch lange kein Grund, das Gehalt zu erhöhen. Vielleicht ist derjenige ein Workaholic, zu langsam, überfordert oder schlecht organisiert …

Mit Jammern kommen Sie nie weiter . . . 98

Sie werden hoffentlich gut bezahlt, und falls Sie ein schlechtes Gewissen haben, das Sie zu immer längeren Arbeitszeiten antreibt, ist das ein Problem, mit dem Sie meistens alleine klarkommen müssen. Also überlegen Sie genau, bei wem Sie sich beklagen oder gar ausweinen. Auf keinen Fall jedoch bei Ihrem Chef und schon gar nicht auf diese Art: »Ich lege mich krumm und Sie wollen nichts drauflegen.« Mit Jammern kommen Sie nie weiter, was alleine zählt, sind Ihre Leistungen (siehe Tipp 17f.).

Sollten Sie dagegen durch eine Art Gewaltmarsch eine für Sie wichtige, verantwortungsvolle und gut bezahlte Position erobert haben und sich jetzt mit großer Anstrengung, um diese zu halten, weiter hocharbeiten, dann sind Sie in bester Gesellschaft. Wenn Sie sich unbedingt darüber beklagen wollen, tun Sie das am besten zu Hause im stillen Kämmerlein.

99 Das brauchen Sie in der nächsten Runde

Das richtige Bewusstsein

Sie müssen wissen, was Sie wollen, was Sie leisten, was Sie wert sind und auch was möglich ist. Machen Sie sich bewusst, wie leicht man die Gegenseite verärgern kann und sich damit der Chancen auf ein besseres Gehalt beraubt.

Ihr Gegenüber

Es geht nicht darum, Ihren Gesprächspartner zu besiegen. Versuchen Sie vielmehr, ihn als Verbündeten zu gewinnen.

Die Form

Hier macht wieder einmal der Ton die Musik. Die Art und Weise, wie Sie Ihren Gehaltswunsch vorbringen, ist mitentscheidend dafür, ob Sie Erfolg haben werden oder nicht.

Der Zeitpunkt

Nutzen Sie die Gunst der Stunde und entwickeln Sie ein Gefühl für den richtigen Augenblick. Auf gar keinen Fall sollten Sie mit dem Anliegen, über Ihre Bezahlung zu verhandeln, Ihr Gegenüber unvorbereitet überfallen. Und auch Ihr konkreter Gehaltswunsch darf nicht gleich ausgespielt werden. Warten Sie, bis die andere Seite diesen Punkt anschneidet.

Auf den Punkt gebracht

Es dürfte deutlich geworden sein, dass für eine Gehaltsverhandlung eine ausgefeilte Strategie nötig ist. Das fängt bei der Einstellung und den Rahmenbedingungen an, das heißt, mit wem man wann und wie am besten spricht. Danach zählen der genau durchdachte Gesprächseinstieg, das geschickte Platzieren der eigenen Argumente und die intelligente Abwehr von Einwänden. Am Schluss stehen die Nachbereitung und die Überlegung, wie man aus einer Ablehnung doch noch etwas für sich herausholen kann, um vielleicht zumindest für das nächste Gespräch die Weichen gestellt zu haben.

Die Vorteile neuer Entlohnungssysteme – und wie Sie sie nutzen können

100

Immer mehr Unternehmen entfernen sich von einer starren Bezahlung, die automatisch mit den Jahren der Betriebszugehörigkeit steigt. Sie machen Lohnerhöhungen von individuellen Leistungen abhängig. Dieser Trend kommt – wie soll es anders sein – aus den USA. Hier geht man längst offener mit dem Wert der Arbeit um. In vielen Unternehmen ist es üblich, dass in den oberen Etagen jeder weiß, was der andere am Monatsende auf sein Konto überwiesen bekommt. Die Firmenchefs legen Wert darauf, die Gehaltsstrukturen offenzulegen. »In Amerika ist man stolz auf sein Gehalt. Viel Geld zu verdienen bedeutet, dass man viel leistet. Das ist ähnlich wie bei Zahnspangen. Wenn es bei jemandem im Mund blinkt, dann ist er reich. In Deutschland bleibt der Mund dagegen zu«, sagt Nikolaus Lymberopoulos von der Personalberatung Kienbaum + Partner.[31] Die amerikanischen Unternehmenschefs gehen davon aus, dass der Vergleich den gesunden Konkurrenzkampf beflügelt. Das ist deshalb möglich, weil nicht nur Gehälter transparenter gemacht wurden, sondern auch verstärkt nach Leistung bezahlt wird.

Es ist Ihre Aufgabe, dafür zu sorgen, dass man auf Ihre Erfolge und besonderen Leistungen aufmerksam wird. Also überzeugen Sie mit überdurchschnittlichem Einsatz und großer Motivation. Bieten Sie sich an, wenn es in der Firma Engpässe gibt, wenn eine Vertretung benötigt wird, wenn es um Zusatzaufgaben geht. Nehmen Sie an Weiterbildungen teil, um zu signalisieren: Ich will dazulernen, mich weiterentwickeln. Also seien Sie präsent, sorgen Sie aber auch dafür, dass Ihr Einsatz bemerkt wird. Deshalb möchten wir Sie noch einmal daran erinnern: Führen Sie eine Art Arbeitstagebuch über Ihre Tätigkeiten, insbesondere über Zusatzaufgaben, neue Verantwortlichkeiten und Ihre Ergebnisse. So haben Sie die schlagkräftigsten Argumente für eine Gehaltsaufbesserung zur Hand. Und vergessen Sie nie: Wir sind nicht auf der Welt, um so zu sein, wie andere uns haben wollen.

Viel Erfolg bei der Verhandlung!

Was Sie noch wissen sollten . . .

Das Autorenteam Hesse/Schrader ist seit mehr als zwanzig Jahren auf dem Sektor der Bewerbungsratgeber sowie zu weiteren Themen aus der Arbeitswelt publizistisch tätig. Am Anfang stand die erstmalige Veröffentlichung von sogenannten Intelligenztests sowie deren kritische Reflexion in dem Buch *Testtraining für Ausbildungsplatzsucher* (1985) – allein dies inzwischen mit einer Gesamtauflage von knapp 1 Million Exemplaren.

Beide Autoren verfügen über eine langjährige Erfahrung als Seminarleiter bei Test- und Bewerbungstrainings. 1992 gründeten sie in Berlin das Büro für Berufsstrategie, das Arbeitnehmer in allen beruflichen Fragen berät und unterstützt.

In der Ratgeber-Reihe *berufsstrategie exakt* präsentieren wir Ihnen die wichtigsten Bewerbungsthemen in kompakter Form: die verschiedenen Formen der schriftlichen Bewerbung, das Vorstellungsgespräch, Arbeitszeugnisse sowie zahlreiche Spezialbücher zur Vorbereitung auf Eignungs-, Einstellungs- und Auswahltests. Als Leser der Reihe haben Sie die Möglichkeit, einige Abschnitte des Buches auf der Seite *www.berufsstrategie-exakt.de* »für unterwegs« kostenlos herunterzuladen. Zudem finden Sie dort weiterführende Informationen.

Lesern, die noch umfangreichere Informationen in den Bereichen Bewerbung, Beruf und Karriere wünschen, können wir auch unsere Bücher empfehlen, zum Beispiel die *Praxismappe für die perfekte schriftliche Bewerbung*. Darin werden Bewerbungen im DIN-A4-Format originalgetreu präsentiert.

Anhang

Anmerkungen

1 Schumacher, C./Schwarz, S.: So viel könnten Sie verdienen. In: Focus 49/1998, S. 288 ff.
2 woman & work, 1998, S. 101
3 manager magazin 9/1998, S. 215
4 ebd. S. 21
5 ebd. S. 218
6 ebd. S. 222
7 ebd. S. 216
8 Winter, S.: Persönliche Mitteilung. Vgl. auch: Winter, S.: Prinzipien der Gestaltung von Managementanreizsystemen. Wiesbaden 1996
9 Willi, J.: Die Zweierbeziehung. Reinbek b. Hamburg 1975, S. 66
10 Steinmann, H./Löhr, A.: Lohngerechtigkeit. In: Gaugler, E./Weber, W.: Handwörterbuch des Personalwesens. Stuttgart, 1992, Sp. 1284 –1294 ; hier: Sp. 1285
11 Rawls, J.: A Theory of Justice. Oxford, 1972. Ders.: Eine Theorie der Gerechtigkeit. Frankfurt a.M. 1994
12 Montada, L.: Diskurse über Gerechtigkeitskonflikte. Potsdam 1995, S. 20
13 Ackermann, B. A.: Social Justice in the Liberal State. New Haven, London, 1980, Kap. 2
14 Mill, J.S.: Utilitarismus, Kap. 5
15 Montada, L.: Empirische Gerechtigkeitsforschung. Berlin 1995
16 Pfannkuche, W.: Wer verdient schon, was er verdient. Hamburg, 1994, S. 20f.
17 ebd.
18 ebd.
19 Mill, J. S.: a.a.O., Kap. 5
20 Ogger, G.: Nieten in Nadelstreifen. München 1995, S. 67
21 Pfannkuche, W.: a.a.O., S. 35ff.
22 ebd., S. 37
23 Frankfurter Rundschau, 9.3.1996, S. 5
24 manager magazin 5/1993, S. 103
25 Süddeutsche Zeitung, 6.–8.4.1996, S. 8
26 Tagesspiegel, 25.2.1999, S. 5
27 Süddeutsche Zeitung, a.a.O., S. 8
28 Hengsbach, F.: Mehr Beschäftigung durch eine andere Verteilung? In: Hengsbach, F./Möhring-Hesse, M. (Hrsg.): Eure Armut kotzt uns an. Frankfurt a.M. 1995, S. 130
29 Raasch, S.: Kontrapunkt: Der bürgerliche Gesellschaftsvertrag – ein Männervertrag. In: Hengsbach, F./Möhring-Hesse, M. (Hrsg.): Eure Armut kotzt uns an. Frankfurt a.M. 1995, S. 103
30 Die Woche, 12.6.1996, S. 1
31 woman & work, 1998, S. 102

Gehaltsübersichten

Übersicht nach Branchen

Hier eine kurze Branchenübersicht, Angaben in Euro. Der obere Wert ergibt sich nur in besonderen Ausnahmefällen. Einzelne Berufe finden Sie ab Seite 155.

Banken und Versicherungen

Bereichsleitung	85.000 – 145.000
Projektleitung	55.000 – 175.000
Spezialist (ohne Personalverantwortung)	45.000 – 140.000
Einsteiger (ohne Berufserfahrung)	30.000 – 90.000

Bau/Baustoff

Bereichsleitung	90.000 – 155.000
Projektleitung	50.000 – 150.000
Spezialist	40.000 – 140.000
Einsteiger	30.000 – 80.000

Chemie/Pharma

Bereichsleitung	85.000 – 170.000
Projektleitung	48.000 – 165.000
Spezialist	40.000 – 160.000
Einsteiger	30.000 – 90.000

Elektrotechnik/Elektronik

Bereichsleitung	99.000 – 170.000
Projektleitung	50.000 – 170.000
Spezialist	45.000 – 160.000
Einsteiger	30.000 – 100.000

Energie

Bereichsleitung	95.000 – 160.000
Projektleitung	50.000 – 175.000
Spezialist	42.000 – 160.000
Einsteiger	30.000 – 100.000

Genussmittel/Nahrung

Bereichsleitung	80.000 – 148.000
Projektleitung	48.000 – 170.000
Spezialist	42.000 – 158.000
Einsteiger	26.000 – 90.000

Handel

Bereichsleitung	80 000 – 125.000
Projektleitung	45 000 – 165.000
Spezialist	35 000 – 145.000
Einsteiger	26 000 – 95.000

Kultur/Kunst

Bereichsleitung	45.000 – 75.000
Projektleitung	30.000 – 40.000
Spezialist	24.000 – 30.000
Einsteiger	20.000 – 28.000

Maschinenbau

Bereichsleitung	90.000 – 160.000
Projektleitung	48.000 – 170.000
Spezialist	40.000 – 160.000
Einsteiger	35.000 – 110.000

Medien

Bereichsleitung	85.000 – 140.000
Projektleitung	43.000 – 165.000
Spezialist	35.000 – 150.000
Einsteiger	20.000 – 100.000

Telekommunikation

Bereichsleitung	90.000 – 150.000
Projektleitung	50.000 – 170.000
Spezialist	42.000 – 160.000
Einsteiger	36.000 – 100.000

Textil

Bereichsleitung	80.000 – 149.000
Projektleitung	45.000 – 165.000
Spezialist	35.000 – 145.000
Einsteiger	28.000 – 100.000

Tourismus/Verkehr

Bereichsleitung	90.000 – 135.000
Projektleitung	45.000 – 175.000
Spezialist	35.000 – 150.000
Einsteiger	24.000 – 90.000

Unternehmensberatung

Bereichsleitung	70.000 – 150.000
Projektleitung	50.000 – 165.000
Spezialist	43.000 – 150.000
Einsteiger	36.000 – 100.000

Stand: Mitte 2007, alle Angaben sind als Cirka-Angaben zu verstehen und beziehen sich auf das Jahresbruttogehalt. Sie beinhalten auch Sondervergütungen wie Tantiemen bzw. einen leistungsabhängigen Bonus.

Übersicht nach Berufen

Die folgenden Angaben können nur ungefähre Richtwerte sein. Größere Gehaltsspannen erklären sich aus unterschiedlicher Bezahlung nach Region, Betriebsgröße, Tarifverträgen, Abschluss (Universität oder FH) und leider immer auch noch nach dem Geschlecht. Dieselbe Position wird in der Industrie beispielsweise wesentlich besser bezahlt als von Forschungseinrichtungen oder dem Öffentlichen Dienst. In Frankfurt am Main verdient man für die gleiche Arbeit mehr als in Frankfurt an der Oder. Viele Branchen setzen auch zunehmend auf eine leistungsbezogene Vergütung. Dies bezieht sich nicht mehr ausschließlich auf Positionen des Verkaufs oder auf die Tantiemen der Führungsetagen, sondern wird sogar zunehmend Bestandteil von Tarifverträgen, egal ob auf Sachbearbeitungsebene im Handwerk oder Dienstleistungsbranchen.

Für eine genaue Gehaltsangabe empfiehlt sich immer eine Recherche im Internet oder eine Anfrage bei den entsprechenden Handwerkskammern, Berufsverbänden oder Gewerkschaften. Wir empfehlen u.a.: *www.gehalts-check.de* / *www.sueddeutsche.de* / *www.manager-magazin.de* / *www.hitec.consult.de.*

Die Angaben der ersten Spalte beziehen sich auf das Einstiegsgehalt mit noch keiner oder sehr wenig Berufserfahrung, die der zweiten Spalte auf das Gehalt nach fünf oder mehr Berufsjahren. Achtung: Alle Angaben sind „Cirka-Angaben").

Aktienhändler	41.000 – 45.000	42.000 – 60.700
Altenpfleger	16.000 – 21.000	20.000 – 24.000
Analyst	35.000 – 37.000	47.000 – 49.500
Anlagenmechaniker	20.000 – 22.000	25.000 – 27.000
Anwaltsgehilfe	14.000 – 15.000	21.500 – 23.000
Apothekenhelfer	19.500 – 20.500	20.000 – 22.000
Apotheker	37.500 – 39.000	42.000 – 44.000

Architekt	24.500 – 27.500	31.000 – 35.000
Arzt im Krh	32.000 – 36.000	50.000 – 53.000
Arzthelferin	16.000 – 18.000	18.000 – 20.000
Augenoptiker	19.000 – 20.000	21.500 – 23.000
Bäcker	19.000 – 20.000	19.500 – 22.000
Bademeister	21.500 – 27.500	25.000 – 38.500
Bankkaufmann	18.000 – 24.500	28.500 – 36.000
als Abteilungsleiter		28.500 – 40.000
Bauingenieur (FH)	31.000 – 33.000	41.000 – 43.000
Bauschlosser	21.500 – 24.500	25.600 – 32.000
Betriebswirt	36.000 (FH) – 41.000 (Uni)	50.000 (FH) – 55.500 (Uni)
Berufsberater	22.000 – 23.000	34.500 – 36.000
Biologe	30.000 – 36.000	44.000 – 52.000
Brauer	24.000 – 27.000	28.000 – 30.000
Braumeister	33.500 – 38.500	39.000 – 44.000
Buchhändlerin	20.000 – 22.000	22.000 – 25.000
Call-Center-Agent	19.500 – 20.000	20.000 – 26.000
Chemikant	26.000 – 28.000	29.000 – 33.500
Chemiker	30.000 – 35.000	40.000 – 55.500
Controller	28.500 – 35.500	39.000 – 45.000
als Abteilungsleiter		45.000 – 55.500
Datenverarbeitungskaufmann	22.500 – 25.000	30.000 – 35.000
Dekorateur	19.500 – 22.000	21.000 – 23.000
Diätassistent	23.000 – 24.500	25.000 – 28.000
Disponent	22.000 – 23.000	22.500 – 30.000
Dokumentar (medizinisch)	31.000 – 32.500	33.000 – 36.000
Dolmetscher (Dipl.)	37.000 – 38.000	40.000 – 45.000
Einzelhandelskaufmann	19.200 – 22.500	28.000 – 33.000
Elektrotechniker	29.000 – 35.000	36.000 – 44.500
Ergotherapeut	20.000 – 22.000	22.500 – 26.000
Erzieher	20.500 – 21.500	22.000 – 24.500
Facility Manager	35.000 – 40.000	38.000 – 45.000

Fahrlehrer	26.500 – 30.000	36.000 – 38.500
Feinmechaniker	20.000 – 22.000	30.000 – 33.000
Florist	11.000 – 13.000	14.000 – 19.500
Fluglotse	52.000 – 75.600	98.000 – 120.000
Fondsmanager	87.000 – 115.000	128.00 – 205.000
Forstwissenschaftler	18.000 – 19.000	20.000 – 22.000
Fotodesigner	30.000 – 55.000 (auch Tagesgagen von 500 bis 5.000 Euro und mehr)	
Fotograf	23.000 bis 25.000	k. A.
Fremdsprachenkorrespondent	21.000 – 22.000	28.000 – 31.000
Friseur	10.000 – 12.000	13.000 – 14.000
Gärtner	23.000 – 24.000	24.000 – 30.000
Gebäudereiniger	22.000 – 23.000	24.000 – 25.000
Grafikdesigner	21.000 – 23.000	25.000 – 29.500
Groß- und Außenhandelskaufmann	17.000 – 19.000	19.000 – 22.000
Handelsassistent (Einzelhandel)	26.000 – 28.000	34.000 – 36.500
Hauswirtschafterin	15.000 – 17.000	18.000 – 20.000
Hebamme (FS)	15.000 – 19.500	19.500 – 24.000
Hotelkaufmann	15.000 – 19.000	25.000 – 30.000
Industriekaufmann	19.000 – 22.500	27.000 – 30.000
als Abteilungsleiter	34.000 – 40.000	
Industriemechaniker (Arbeiter)	23.000 – 25.500	24.000 – 27.600
Industriemechaniker (Angestellter)	k. A.	29.000 – 33.000
Journalist	18.800 – 24.000	42.000 – 56.000
Jurist	30.000 – 35.000	37.000 – 45.000
Kameramann	20.000 – 24.000	30.000 – 40.000
Koch	18.000 – 20.000	19.000 – 22.000
Kosmetikerin	9.500 - 11.000	14.000 – 16.500
Konstruktionsmechaniker	k. A.	25.000 – 34.000
Krankenhausmanager	k. A.	100.000 – 130.000

Krankenschwester	19.500 – 21.000	21.500 – 23.000
Landschaftsarchitekt	22.000 – 23.000	41.000 – 44.000
Landwirt (Dipl.-Ing.)	k. A.	34.000 – 43.000
Lektor	25.500 – 27.500	28.500 – 36.000
Luft- und Raumfahrttechniker	35.000 – 39.000	44.000 – 45.500
Projekt- und Abteilungsleitung:		58.500 – 65.500
Maler und Lackierer	22.000 – 24.000	26.000 – 27.500
als Meister		39.500 – 46.800
Marketingfachkraft	33.000 – 40.000	30.000 – 50.000
als Marketingleiter		bis zu. 90.000
Maschinenbauingenieur	34.000 – 41.600	42.000 - 46.500
mit Personalverantwortung und Leitungsfunktion:		56.000 – 75.500
Maschinenschlosser	25.000 – 28.000	32.200 – 43.000
Mathematiker	40.000 – 42.500	43.000 – 45.000
Mechatroniker	20.000 – 23.500	23.000 – 26.500
Med.-Techn. Assistent	18.000 – 19.000	26.000 – 27.500
Mediengestalter	20.000 – 25.000	25.000 – 29.000
Notar	34.000 – 36.000	38.000 – 45.000
Orchestermusiker	24.000 – 25.500	27.000 – 28.000
Personalleiter	66.500 – 78.500	85.000 – 90.000
Physiker	20.500 – 25.000	47.000 – 54.500
Projektleiter mit 5 bis 7 Jahren Berufserfahrung		46.500 – 55.000
Pilot	50.000 – 55.000	110.000 – 130.000
PR-Berater	30.000 – 35.000	48.000 – 56.000
mit Leitungsfunktion	60.000 – 100.000	
Radio- und Fernsehtechniker	18.000 – 22.000	24.000 – 30.000
Realschullehrer	34.000 – 35.000	37.000 – 40.000
Redakteur (Tageszeitungen)	33.500 – 34.000	42.000 – 43.000
Reiseverkehrskaufmann	17.000 – 18.000	20.000 – 24.500
Requisiteur	15.500 – 16.000	30.000 – 49.500

Restaurantfachmann	17.500 – 18.500	19.500 – 25.000
Rettungssanitäter	11.500 – 12.500	18.000 – 20.000
Sachbearbeiter	18.500 – 22.000	25.500 – 28.500
Sekretärin	20.000 – 21.500	21.500 – 27.000
Sommelier	18.500 – 19.000	24.000 – 26.000
Sozialpädagoge (FH)	22.500 – 24.000	25.000 – 31.500
Speditionskaufmann	19.000 – 22.000	25.000 – 29.000
Steuerberater	43.000 – 46.000	47.000 – 49.000
Steuerfachangestellter	18.000 – 19.500	23.000 – 28.000
Technischer Zeichner	20.000 – 22.000	20.000 – 31.000
Umweltschutztechniker	24.000 – 25.500	28.500 – 30.000
Unternehmensberater	36.000 – 44.000	50.000 – 60.000
Geschäftsführer mit 5 bis 7 Jahre Berufserfahrung		65.000 – 80.000 und mehr
Verfahrenstechniker (Dipl. Ing.)	39.000 – 42.000	55.000 – 60.000
Verkäufer (Einzelhandel)	8.500 – 14.000	16.500 – 29.000
Verkäufer (Innendienst)	28.000 – 32.000	28.000 – 38.000
Verlagskaufmann	19.500 – 20.000	24.000 – 26.000
Versicherungskaufmann	24.000 – 30.000	32.000 – 37.000
Webdesigner	24.000 – 26.000	32.000 – 37.000
Werbekaufmann	17.000 – 19.000	29.500 – 32.500
Werbetexter	18.000 – 20.000	32.000 – 49.500
Wirtschaftsingenieur	37.000 – 40.000	40.000 – 50.000
als Abteilungsleiter		60.000 – 65.000
Wirtschaftsprüfer	34.500 – 35.500	58.000 – 65.000
Zahntechniker	14.500 – 15.500	19.000 – 23.500